*Anna a*

# Les Forces éternelles

*Recueil de poèmes*

ISBN : 978-3-96787-642-0

10 9 8 7 6 5 4 3 2 1

*Anna de Noailles*

# Les Forces éternelles

*Recueil de poèmes*

# *Table de Matières*

J'ai voulu dire tout à qui m'entend…
Eschyle.

## I. LA GUERRE

Et j'ai collé ma bouche à toute âme tuée…
Victor Hugo.

### TOUT NOUS FUIT…

Tout nous fuit, l'homme meurt, les âmes ont des ailes ;
Ainsi qu'une fumée active à l'horizon
Le souffle bondit hors des charnelles prisons ;
Aux terrestres désirs l'être n'est plus fidèle !
Se peut-il ? Respirer semble une trahison !
La vie a pour soi-même une haine mortelle.
— Reverrons-nous un jour une heureuse saison,
Avec son déploiement de minces hirondelles
Et son ciel bleu versé sur les toits des maisons ?
Reverrons-nous, avec de limpides prunelles.
L'étoile qui s'entr'ouvre à la chute du jour,
Dans le soir sensitif et pareil à l'amour ?
Percevrons-nous avec une oreille paisible
Le vaporeux tissu du doux chant des oiseaux
Étincelant ainsi qu'un rayon invisible,
Et la Nuit naviguant sur le calme des eaux ?
— Destin, nous rendrez-vous, après des heures telles
Que le globe à jamais semble hostile aux humains,
L'ineffable douceur de prendre une autre main
Quand les parfums du soir lentement s'amoncellent
Sur la rêveuse paix déserte des chemins ?
Nous rendrez-vous, malgré ce qui meurt et chancelle,
Le goût naïf et sûr des choses éternelles ?…

Mars 1915.

### LE SOLDAT

Ô mort parmi les morts, dont nul ne gardera
Le nom, humble relique,

Toi qui fus un élan, une démarche, un bras
Dans la masse héroïque,

Faible humain qui connus jusqu'au fond de tes os
L'unanime victoire
D'être à toi seul un peuple entier, qui prend d'assaut
Les sommets de l'Histoire !

Toi, corps et cœur chétifs, mais en qui se pressait,
Comme aux bourgeons sur l'arbre.
Le renaissant printemps du grand destin français.
Fait de rire et de marbre,

— Enfant qui n'avais pas, avant le dur fléau,
L'âme prédestinée à un devoir si haut, —

Quand même ta naïve et futile prunelle
N'eût jamais reflété
Qu'un champ d'orge devant la maison paternelle.
Que ta vigne en été,

Quand tu n'aurais perçu de l'énigme du monde
Que le soir étoile,
Quand tu n'aurais empli ta jeune tête ronde
Que d'un livre épelé,

Quand tu n'aurais donné qu'une caresse frêle
À quelque humble beauté,
Se peut-il que tu sois dans la nuit éternelle,
Toi qui avais été !

## LES BORDS DE LA MARNE

La Marne, lente et molle, en glissant accompagne
Un paysage ouvert, éventé, spacieux.
On voit dans l'herbe éclore, ainsi qu'un- astre aux cieux,
Les villages légers et dormants de Champagne.

La Nature a repris son rêve négligent.
Attaché à la herse un blanc cheval travaille.
Les vignobles jaspés ont des teintes d'écaillé
À travers quoi l'on voit rôder de vieilles gens.

Un automnal buisson porte encor quelques rases.
Une chèvre s'enlace au roncier qu'elle mord.
Les raisins sont cueillis, le coteau se repose,
Rien ne témoigne plus d'un surhumain effort
Qu'un tertre soulevé par la forme d'un corps.

— Dans ce sol, sans éclat et sans écho, s'incarnent
Les héros qui, rompus de fatigue et de faim,
Connaissant que jamais ils ne sauront la fin
De répique bataille à laquelle ils s'acharnent,
Ont livré hardiment les combats de la Marne.

La terre les recouvre. On ne sait pas leur nom.
Ils ont l'herbe et le vent avec lesquels ils causent.
Nous songeons.
Par delà les vallons et les monts
On entend le bruit sourd et pâmé du canon
S'écrouler dans l'éther entre deux longues pauses.
Et puis le soir descend. Le fleuve au grand renom,
À jamais ignorant de son apothéose,
S'emplit de la langueur du crépuscule, et dort.

Je regarde, les yeux hébétés par le sort,
La gloire indélébile et calme qu'ont les choses
Alors que les hommes sont morts…

Octobre 1916.

## VERDUN

Le silence revêt le plus grand nom du monde ;
Un lendemain sans borne enveloppe Verdun.
Là, les hommes français sont venus un à un,
Pas à pas, jour par jour, seconde par seconde

Témoigner du plus fier et plus stoïque amour.

Ils se sont endormis dans la funèbre épreuve.

Verdun, leur immortelle et pantelante veuve.
Comme pour implorer leur céleste retour,
Tient levés les deux bras de ses deux hautes tours.

— Passant, ne cherche pas à donner de louanges
À la cité qui fut couverte par des anges
Jaillis de tous les points du sol français : le sang
Est si nombreux ici que nulle voix humaine

N'a le droit de mêler sa plainte faible et vaine
Aux effluves sans fin de ce terrestre encens.
Reconnais, dans la plaine entaillée et meurtrie,
Le pouvoir insondable et saint de la Patrie
Pour qui les plus beaux cœurs sont sous le sol, gisants.

En ces lieux Ton ne sait comment mourir se nomme,
Tant ce fut une offrande à quoi chacun consent.

À force d'engloutir, la terre s'est faite homme.

Passant, sois de récit et de geste économe.
Contemple, adore, prie, et tais ce que tu sens.

Novembre 1916.

## CELUI QUI MEURT

Regarde longuement celui qui meurt. Voilà
Ce que la guerre atroce à tout instant consomme :
Elle puise en ce corps son effroyable éclat ;
La gloire, c'est Verdun, c'est la Marne et la Somme,
Une armée, c'est un flot compact et rugissant
Où nul visage encor n'émerge et ne se nomme,
Où des milliers de cœurs ont confondu leur sang,
Mais un mourant, c'est un seul homme !

Un seul homme étendu : austère immensité !
Un seul, et tout le poids de la douleur sur lui !
Un seul supplicié sur qui tombe la nuit
Dans les champs. Seul vraiment. Pour lui s'est arrêté
Cet unanime élan de colère et d'audace
Qui l'emportait, puissant, multiplié, tenté,
Épars dans son effort, son espoir et sa race !
Il est seul, il n'est plus de ce groupe irrité
Qui harcèle âprement l'obstacle, et l'escalade !
Il est devenu seul. C'est le plus grand malade.
La mort délie en lui les cordes du héros.
Il est tout seul, avec sa chair, son sang, ses os,

Et toute sa chétive et faible exactitude.
Nul n'est semblable à lui : qui meurt n'a pas d'égaux.
Rien ne peut ressembler à cette solitude !

Ô corps mourant à qui plus rien n'est marié !

— L'Histoire passe avec ses canons, ses lauriers,
Son tremblement qui moud les routes et les mondes !
Mais cet enfant qui meurt ne sait. La lune est ronde
Au haut du calme ciel où tous les yeux humains
Se posent sans conflit, cependant que les mains
S'acharnent à tuer. Où sont les camarades
De cet enfant qui meurt ? Mais les reconnaît-on
Ces guerriers dans la nuit, ces obstinés piétons
Qui n'ont jamais fini de servir ? À tâtons
Ils continuent l'épique et sombre promenade.
— Et que pourraient-ils dire à celui-là qui meurt ? —
Que vous avez vaincu, cher être, on est vainqueur
Quand on est ce mourant sous les astres. Naguère
Un homme seul, pareil à vous, sans qu'on l'aidât
Et sans que nul scrutât son suprême mystère,
Mourut, pareil à vous, sans se plaindre, les yeux
Semblables à vos yeux pleins d'espace. Ô soldats,
Dont le sang juvénile a coulé sur la terre,
Soyez bénis, chacun, comme peut l'être un dieu,

Christ de la monstrueuse et de la juste guerre !

Juillet 1917.

## À MON FILS

Mon enfant, tu n'avais pas l'âge de la guerre,
Tu n'eus pas à répondre à ce grand « En avant, »
Pouvais-je me douter, quand tu naissais naguère,
Que je te destinais à demeurer vivant ?

Trois ans, quatre ans de plus que toi, les enfants meurent.
Car ce sont des enfants, ces sublimes garçons,
Bondissant incendie au bout des horizons,
Tandis que ton doux être auprès de moi demeure,
Et qu'au son oppressant et délicat des heures
Ta studieuse voix récite tes leçons.
— Et voici qu'une année aisément recommence !
Mon cœur, de jour en jour, est moins habitué
À la mystérieuse et sanglante démence,
Et je songe à cela, d'un cœur accentué.
Cependant qu'absorbé par l'Histoire de France,
Tu poses sur la table, avec indifférence.
Ta main humble et sans gloire, et qui n'a pas tué…

Janvier 1915.

## LE SOUFFLE

Tu ne respires plus, le vent
Ne pénètre jamais la pierre
Qui ferme sa dure paupière
Sur ton être fixe et rêvant ;

Et je vois la nue infinie
Qui t'a refusé l'humble part
Que ton souffle anxieux, hagard,
Implorait, dans ton agonie.

Comment est ce refus soudain
De l'espace à la créature ?
Quel est ce moment, ô Nature,
Où l'homme meurt de ton dédain ?

J'ai, par-dessus tous les mystères,
Béni la respiration,
Cette sublime passion
Qui soulève toute la terre !

Et je contemple l'air mouvant :
— Ô force ineffable du vent,
C'est surtout par toi que diffèrent
Les tombeaux d'avec l'atmosphère,
Et les morts d'avec les vivants !

Janvier 1915.

## LE CHANT D'UN ÉCOSSAIS

Les cieux étoilés sont infiniment paisibles
Malgré leur turbulent et secret mouvement.
La nuit circule avec sa démarche invisible,
Un Écossais, au loin, chante en son campement.
Il élance un chant vif de ses pipeaux d'ébène,
Ce soldat que la guerre au vent ensanglanté
Mêle aux soldats de France, en cette nuit d'été…
— Nostalgique exilé des lacs et des bruyères,
Ô stoïque berger, ton chant plaintif et gris
Ainsi qu'un vol crispé de sauvages perdrix,
Ainsi que la fumée au toit de ta chaumière,
Insuffle au calme éther ton flegmatique orgueil.
Je vois naître ta ville où, dans les brumes, flambent,
Lorsque ton régiment court d'un pas de chevreuil,
La noblesse du rire et la fierté des jambes !

— Bel être, nous savons ce que ton sort sera :
Tu l'as dit l'autre jour, d'une voix gaie et grave,
Que le musicien doit être le plus brave

Et mourir devant ceux que son chant baignera
D'un flot mélodieux aux suaves méandres.
Demain, lorsque ton peuple alerte attaquera
L'ennemi enfoui dans les terreuses Flandres,
Tu siffleras cet air plein de rêve et de cendre
Qui semble distiller finement dans la nuit
La grisaille d'Ecosse et son lunaire ennui :
Musique de brouillard qui perle et qui bruine !

Un cheval canadien hennit dans le lointain ;
La mér souffle sans fin son haleine saline.
— Monte-t-il jusqu'à vous, beaux astres'inhumains,
Dont parfois on croirait que le regard s'incline, —
Ce chant d'un Écossais qui va mourir demain ?

Août 1915.

## VISITE À LA CATHÉDRALE DE REIMS

Le chemin qui t'approche et qui conduit vers toi
Est délié, penchant et noble ;
On voit se mélanger au flot rose des toits
Les carrés bleus de tes vignobles ;

Et puis l'on t'aperçoit au centre du vallon,
Un peu petite dans l'abîme,
Toi dont la renommée est le chant le plus long
Que le sol ait voué aux cimes !

Ton nom et ta douleur ont dominé les cris
De ceux qui luttent et qui saignent ;
Les corps sentaient en toi le mal fait à l'esprit ;
Mais est-il sage qu'on te plaigne ?

– Je t'ai vue, ô beauté que rien n'a pu flétrir,
Plus tourmentée et plus savante,
Sans doute fallait-il que tu saches souffrir
Pour que ta pierre fût vivante.

Vivante et délicate, et pareille à la chair,
Inspirant l'amour et les larmes
Quand le vol des oiseaux et l'azur d'un soir clair
Te traversent comme des armes.

On ne sait plus quel vent soufflant d'un ciel affreux
A pris ton noble corps pour cible,
A fané ton portail suave et rigoureux.
Et t'a faite enfin si sensible !

Ô face fatiguée et calme, grand témoin
Des sacres, des fléaux, des âges,
L'univers te louait, mais le cœur t'aimait moins
Quand tu n'avais pas ce visage,

Ce visage aplani, résistant, consentant,
Qui, montrant les os de sa face,
Sait bien que sa beauté, fille altière du temps,
A la profondeur pour surface !

Ô beau visage osseux où, dans l'emmêlement
De tout ce qu'on voulut détruire,
Flotte de pierre en pierre, indivisiblement,
Le charme illustre des sourires ;

Les anges, les beaux dieux, les rnadones, les rois
N'ont pas quitté leurs alvéoles ;
Dans ce chaos tranquille et sans nul désarroi,
Leur songe se maintient et vole.

Cette antique assemblée aux doigts joints et brisés
A son logis dans ton désastre ;
Ta gardes sous ton air finement épuisé
La solide clarté des astres.

L'oubli, qui chaque jour mêle tout ce qui fut
Aux cendres légères des mondes.
Se heurte à ta vigueur qui dresse le refus

De sa présence sombre et blonde.

— Qu'on cesse de te plaindre, ô roc, toi que l'on voit
Transpercé par des hirondelles,
Toi, gouffre de l'azur, et la muette voix
Qui dit les choses éternelles !…

## ASTRES QUI REGARDEZ…

Astres qui regardez les mondes où nous sommes,
Pure armée au repos dans la hauteur des cieux,
Campement éternel, léger, silencieux,
Que pensez-vous de voir s'anéantir les hommes ?
À n'être pas sublime aucun ne condescend ;
Comme un cri vers l'azur on voit jaillir leur sang
Qui, sur nos cœurs contrits, lentement se rabaisse.
— Morts sacrés, portez-nous un plausible secours !
Notre douleur n'est pas la sœur de votre ivresse ;
Vous mourez ! Concevez que c'est un poids trop lourd
Pour ceux qui, dans leur grave et brûlante tristesse,
Ont toujours confondu la vie avec l'amour…

Juin 1915.

## AUX SOLDATS DE 1917

Les vers que l'on écrit en songeant aux batailles
Tremblent de se sentir hardis.
Que peut le faible chant dont mon âme tressaille,
Puisque les soldats ont tout dit ?

Puisqu'ils ont ajouté, ces dompteurs infaillibles
Du danger, de l'ennui, du temps,
À leurs actes brûlants, à leur âme visible,
Des cris stoïques ou contents !

Puisqu'ils ont simplement, et comme l'on respire,
Connu le sublime et l'affreux,

Quelle voix au lointain oserait les traduire ?
L’on n’est rien si l’on n’est pas eux.

Puissent-ils, ces ardents remueurs de la terre,
Que leur cœur devrait étonner,
Entendre fièrement, quand nous parlons, se taire
Notre grand amour prosterné !

— Ô soldats patients, sérieux, sans emphase,
Qui contemplez votre labeur.
Concevez que la vaine activité des phrases
Nous confonde et nous fasse peur !

Concevez que, vraiment timide, on considère
Vos beaux visages rembrunis.
Où la pluie a frappé, où le soleil adhère.
Où s’est répandu l’infini !

Concevez, qu’ébloui, on se dise : « Ces hommes
Sont l’espace et sont les saisons ;
Et, pourtant, ils étaient jadis comme nous sommes
Leur désir, leurs vœux, leur raison

Inclinaient vers la claire et spacieuse vie.
Vers l’amour, la paix, le bonheur ;
Mais l’offense est venue, ils n’ont plus eu envie
Que d’être têtus et vainqueurs !

Les voilà dans le sol, debout, et côte à côte
Plantés comme des peupliers ;
La terre indifférente a senti par ses hôtes
Un rêve immense s’éveiller,

Ils sont là, longuement, sous le climat terrible
Qu’est devenu le noble éther ;
Le feu, l’acier mortel, les hululements criblent
L’antique silence de l’air.

La Nature ignorante ajoute à ce vacarme
Sa pluie ou ses cuisants soleils ;
Ils sont là, sans répit, sans refus, sous leurs armes,
Et depuis trois ans si pareils

Que l'on pourrait penser qu'une forêt vivante,
Bleuâtre, animée et sans fin,
A surgi des sillons, et que le sol se vante
D'avoir pour sève un sang divin !

Ils ont vingt ans. C'est l'âge ébloui et sublime
Où l'être dans l'azur est pris.
Ces corps adolescents ignorent nos abîmes :
Ils font la guerre avec l'esprit !

Hélas ! Ils font la guerre inique avec leurs ailes,
Ces anges aux yeux sérieux !
Quand leur âme voit tout s'ébranler autour d'elle,
Ils ont la sûreté des cieux !

Mais nous ne savons pas, nul ne saura, leur mère
Elle-même ne saura point
Parfois quelle tristesse, hélas ! quelle eau amère
Vient noyer leur cœur ferme et joint.

Jamais nous ne saurons ce que vraiment ils pensent,
Tout seuls, chacun seul avec soi,
Quand ils goûtent, chacun tout seul, dans le silence.
Ce qui peine et ce qui déçoit !

— C'est à votre secret, que vos cœurs nous refusent,
À ces grands cris que vous taisez,
Que j'adresse aujourd'hui, maladroite et confuse.
Cet humble hommage malaisé.

Laissez que le poète, empli de sa faiblesse.
Et qui n'est rien, n'étant pas vous,
Vous dise : Je m'unis à tout ce qui vous blesse.

Je fais le guet à vos genoux.

Mains jointes, je m'unis à ces douleurs passives
Que jamais vous ne laissez voir ;
Je veille à vos côtés au Jardin des olives,
Je goûte à votre fiel, ce soir.

Je ne peux pas mêler ma voix à votre gloire,
À vos divins renoncements :
Hommes éblouissants qui montez dans l'Histoire,
Je vous contemple seulement !...

4 août 1917.

## PAUVRE AME, TU GÉMIS...

Pauvre âme, tu gémis ! Oui, la guerre interpose
Entre la nue et toi ses sanglantes cloisons.
La bonté, dans les cieux, fait une immense pause ;
Le monde est obscurci d'une épaisse saison.
Et pourtant, à travers l'humaine déraison,
L'Amour, épars et sûr, respire en toutes choses !

Où veux-tu qu'il ait fui, lui, l'être universel,
Lui, saturation et principe des mondes,
Lui, joint à tout humain comme la mer au sel,
Agitateur divin qui transforme et qui fonde,
Et qui, de corps en corps, fait le souffle éternel ?

Attends ! Quelle que soit l'inique destinée
Qui, de ces beaux vivants, fit des milliers de morts,
L'éther débordera de claires matinées,
Les fleurs se dissoudront en odorants transports :
L'amour, c'est l'infini, l'air, l'espace, le temps ;
Songe à cela, pauvre âme, espère, endure, attends...

Mai 1917.

## LES MORTS POUR LA PATRIE

Les morts pour la Patrie ont la gloire plénière.
Ce long halètement des cœurs vers la lumière,
Où le génie humain épuise son effort,
Ceux-là n'en ont pas eu besoin : ils sont bien morts :
D'un coup ils ont rejoint l'éternité des siècles ;
Artisans du futur, ils ont près d'eux les aigles
Et la colombe avec l'olivier en son bec.
Us dorment sous la vaste épitaphe des Grecs
Dont le monde à jamais s'enooblit et s'étonne :
« Passant, regarde, et va dire à Lacédémone… »
Ces mots-là sont plus beaux qu'avoir vingt ans encor.
Nul ne mourra jamais aussi bien qu'ils sont morts.
L'ode, la symphonie et les nobles musées
Ne peuvent égaler ces âmes amusées
À jeter, comme un blé débordant le semeur,
Les astres qu'un héros lance aux cieux quand il meurt.
Ils ont rendu la nue épique et surhumaine ;
L'espace, imprégné d'eux, perpétue et ramène
Leurs souffles, leurs regards et leurs fiers mouvements.
Ils ne sont plus des corps, ils sont des éléments.
Ils nous laissent la mort restreinte et solitaire,
L'angoisse de descendre, amoindris, sous la terre :
C'est par la solitude et son manque d'amour
Qu'il est dur de quitter la lumière du jour !
Nous, dans notre agonie anxieuse et chétive,
Nous saurons qu'il est vain que l'on meure ou qu'on vive,
Puisque, pendant des jours et des nuits, les combats
Jetaient de jeunes corps qui ne murmuraient pas.
Mais eux, foule héroïque éparse dans la brise,
Cavalcade emportée, escadrons, pelotons,
Ils ont cerclé l'azur d'une immortelle frise
Qui fait à l'univers un sublime fronton !

Les mondes périront avant qu'ils ne périssent.

Mourants, nous envierons leur turbulent destin,
Nous dirons, en songeant à leur grand sacrifice :
L'azur brillait, c'était quelquefois le matin

Quand il fallait partir au feu ; le frais feuillage
Se mouvait comme l'eau drainant ses coquillages.
Il voyait s'éveiller le doux monde animal.
L'odeur de la fumée et du chaume automnal

Répandait son furtif et pénétrant bien-être ;
Les volets dans le vent battaient sur les fenêtres
Le village était gai, sentant qu'il serait fier,
On respirait l'odeur de la gloire, dans l'air ;
Parfois, on entendait tomber les glands des chênes
Jetés par l'écureuil ; la pierreuse fontaine
De son jet mesuré, distrait et persistant.
Lavait, désaltérait ces visages contents
Qui laissaient sans regret une dernière alcôve.
Les femmes apportaient les glaïeuls et les mauves
Du verger. Les enfants se faisaient signe entre eux
Que ces aînés partaient pour d'ineffables jeux.
On s'empressait, nouant à la hâte, aux armures,
fleurs, prêtes déjà pour des tombes futures.
Les soldats se mettaient en marche. Leur maintien
Semblait prendre congé du joug quotidien
Dont nulle âme ici-bas, si Dieu l'a faite altière,
N'a supporté sans pleurs le pain et la litière…
Ils partaient, ils étaient hardis, chacun voulant
Étonner son ami par un plus noble élan,
Leurs âmes, en montant, se bousculaient sans doute
Sur la céleste voie où les héros font route.
Ils riaient. En riant, ils savaient que l'on meurt
Quand on accepte avec cette royale humeur
De courir à l'assaut comme à la promenade.
Ils mettaient leurs gants blancs devant la canonnade
Et tendaient cette main de fiancé joyeux
À la vierge d'airain qui leur broyait les yeux
Jusqu'à ce que le jour sombrât sous leurs paupières...

– Ô morts, assistez-nous à notre heure dernière !
Prenez pitié de nous, sachez combien vraiment
Nous vous avons aimés fièrement, humblement !

Dites-nous, pour qu'un peu de force nous soutienne :
« J'eus la mort des élus, sache endurer la tienne
Avec ce qu'elle a d'âpre, et de pauvre et d'amer.
Oui, j'ai goûté le feu, j'ai marché sur la mer,
J'ai crié : Lève-toi ! à des têtes penchées,
Et ma voix réveillait les morts dans les tranchées.
J'ai noué sur mon cœur frémissant et muet
Une chaîne d'acier que le soupir rompait.
J'ai tenu dans ma main une moisson de lances,
Et manié un fer plus dur : la patience.
J'ai bu mon sang. J'ai pris, il le fallait aussi,
De l'ennemi blessé un fraternel souci.
Ô toi, qui n'as pas pu mourir dans cette gloire,
Apaise-toi. Je suis un ange dans l'Histoire,
L'Histoire, que tout être implore les doigts joints !
Mais je commande encor, chère âme, et je t'enjoins
De poser doucement ton front dans ma blessure,
Je n'étais pas cruel quand je tuais. Mesure,
Dans ce cœur entr'ouvert d'où s'épanche le sang,
Combien la haine est faible et l'amour est puissant.
Nous fûmes les soldats de l'amour, ceux qui disent :
« Nous faisons l'avenir, et nos terres promises
« — La liberté, l'espoir, l'orgueil loyal et droit, —
« Nous ne permettrons pas, ô peuples, que vos rois
« En fassent un désert où de serviles hordes
« Enchaîneraient la Paix et la Miséricorde !
« Nous gravissons les monts. Honte à celui qui met
« Un obstacle à l'attrait sublime des sommets
« D'où le cœur s'apparente à la nue infinie… »

Si vous parlez ainsi près de mon agonie,
Soldat de dix-neuf cent quatorze, cher humain,
Je laisserai s'ouvrir docilement ma main
Qui fermait sur le monde une étreinte acharnée ;
Et, simple comme au jour d'automne où je suis née
Je verrai sans regret mon esprit s'engloutir
Dans votre éternité illustre de Martyr !

Octobre 1914.

## LA JEUNESSE DES MORTS

Le Printemps appartient à ceux qui lui ressemblent,
Aux corps adolescents animés par l'orgueil,
À ceux dont le plaisir, le rire, le bel œil
Ignorent qu'on vieillit, qu'on regrette et qu'on tremble.
— Ô guerrière Nature, où sont ces jeunes gens ?
Quel est ton désespoir lorsque saigne et chancelle
La jeunesse, qui seule est fière et naturelle
Et brille dans l'azur comme un lingot d'argent ?
Ces enfants, bondissant, partaient, contents de plaire
Au devoir, à l'honneur, à l'immense atmosphère,
Aux grands signaux humains brûlant sur les sommets.
Ils dorment, à présent, saccagés dans la terre
Qui fera jaillir d'eux ses rêveurs mois de mai…
— Songeons, le front baissé, au glacial mystère
Que la Patrie on pleurs, mais stoïque, permet.

Ils avaient vingt ans, l'âge où l'on ne meurt jamais…

## LAMENTATION

Comment vivre à présent ? Tout être est solitaire,
Les morts ont tué les vivants,
Leur innombrable poids m'attire sous la terre.
Pourquoi sont-ils passés devant ?

J'écoute respirer l'immensité des mondes ;
Le sol s'assoupit sous le vent,
Le silence des morts, dans l'ombre agit et gronde :
Les morts enterrent leurs vivants !

Je ne peux plus aimer, ni vouloir, ni comprendre,
À peine si je suis encor.
Ma famille infinie est impalpable cendre.
J'ai honte d'habiter un corps.

J'ai honte de mes yeux, qui songent ou s'élancent,

Accablés, attentifs, hardis.
Les garçons de vingt ans ont tous un coup de lance
Qui les fixe au noir paradis !

Qui pourrait tolérer cette atroce injustice,
Cette effroyable iniquité ?
Nature, fallait-il que de ces morts tu fisses
Remonter un candide été !

Et la terre mollit en un brouillard qui fume ;
C'est un long gonflement d'espoir.
Les arbres, satisfaits, se détendent et hument
Le calme respirant du soir.

Mon âme pour toujours a perdu l'habitude
De son attache avec l'éther ;
Tout m'éloigne de l'ample et vague quiétude
Du cynique et tendre univers.

À présent qu'ont péri ces épiques phalanges,
Hélas, on voit trop vos dédains.
Triste espace mêlé de soleil et de fange,
Qui vous détournez des humains !

Rien ne peut plus cacher à nos regards lucides,
À notre effroi hanté, figé,
Le vide de l'azur et l'empire du vide
Où tout vient fondre et déroger !

— Le vent tiède, les bois, les astres clairs, la lune,
Ce noble arrangement du soir indifférent,
Qui pourtant séduisait les âmes une à une,
Par un doux aspect triste et franc ;

Les villes, les maisons, toute la fourmilière
Humaine qui se meut,
Et s'endort confiante, en baissant ses lumières.
Le front sur les genoux des dieux.

Tout me semble néant, à tel point s'interpose
La mort entre la vie et moi.
Je ne vous verrai plus, abeilles sur les roses.
Vertes pointes des jeunes mois !

Subit éclatement du printemps qui s'arrache
À des liens serrés, obscurs !
J'aurai les yeux rivés à l'invisible tache
Que fait la douleur sur l'azur.

Je vivrai, les regards enchaînés sur l'abîme
Creusé sans fin par ce qui meurt ;
Je verrai l'univers comme on regarde un crime,
Avec des soubresauts de peur,

Je ne chercherai plus quel rang occupe l'homme
Dans ce chaos vaste et cruel,
Je ne bénirai plus, le front baissé, la somme
De l'inconnu universel,

— Et cependant, l'espace éclatant et sans borne,
mon timide ami me semblerait étroit,
Si je sentais encor, au fond de mon cœur morne.
Brûler ma passion pour toi !

Avril 1915.

## LA MORT DE JAURÈS

### I

J'ai vu ce mort puissant le soir d'un jour d'été.
Un lit, un corps sans souffle, une table à côté :
La force qui dormait près de la pauvreté !
J'ai vu ce mort auguste et sa chambre économe,
La chambre s'emplissait du silence de l'homme.
L'atmosphère songeuse entourait de respect
Ce dormeur grave en qui s'engloutissait la paix ;

Il ne semblait pas mort, mais sa face paisible
S'entretenait avec les choses invisibles.
Le jour d'été venait contempler ce néant
Comme l'immense azur recouvre l'océan.
On restait, fasciné, près du lit mortuaire
Écoutant cette voix effrayante se taire.
L'on songeait à cette âme, à l'avenir, au sort.
— Par l'étroit escalier de la maison modeste,

Par les sombres détours de l'humble corridor,
Tout ce qui fut l'esprit de cet homme qui dort,
Le tonnerre des sons, le feu du cœur, les gestes,
Se glissait doucement et rejoignait plus haut
L'éther universel où l'Hymne a son tombeau.

Et tandis qu'on restait à regarder cet être
Comme on voit une ville en flamme disparaître.
Tandis que l'air sensible où se taisait l'écho
Baisait le pur visage aux paupières fermées,
L'Histoire s'emparait, éplorée, alarmée,
De ce héros tué en avant des armées…

## II

L'aride pauvreté de l'âme est si profonde
Qu'elle a peur de l'esprit qui espère et qui fonde.
Elle craint celui-là qui, lucide et serein,
Populaire et secret comme sont les apôtres,
N'ayant plus pour désir que le bonheur des autres,
Contemple l'horizon, prophétique marin,
Voit la changeante nue où la brume se presse.
Et, fixant l'ouragan de ses yeux de veilleur,
Dit, raisonnable et doux : « Demain sera meilleur. »
— Ô Bonté ! Se peut-il que vos grandes tendresses,
Que vos grandes lueurs, vos révélations,
Ce don fait aux humains et fait aux nations
Inspirent la colère à des âmes confuses ?
Faut-il que l'avenir soit la part qu'on refuse

Et l'archange effrayant dont on craigne les pas ?
— Grand esprit, abattu la veille des combats,
C'est pour votre bonté qu'on ne vous aimait pas...

III

Vous étiez plus vivant que les vivants, votre air
Était celui d'un fauve ayant pris pour désert
La foule des humains, à qui, pâture auguste,
Vous offriez l'espoir d'un monde éfral et juste.
Vous ne distinguiez pas, tant vos feux étaients forts,
L'incendie éperdu que préparait le sort.
Vos chants retentissaient de paisibles victoires…
— Alors, la Muse grave et sombre de l'Histoire,
Ayant avec toi-même, ô tigre de la paix,
Composé le festin sanglant dont se repaît
L'invisible avenir que les destins élancent,
Perça ta grande voix de sa secrète lance
Et fit tonner le monde au son de ton silence…

Août 1914.

## PERSPICACE DOUCEUR…

Perspicace douceur des cieux calmes et sages,
Qui me versez, la nuit, un regard familier,
Puisque j'appuie à vous mon douloureux visage
Et qu'à votre clarté mon exil et lié,
Pourquoi m'avez-vous fait tomber sur cette terre,
Où, bien qu'aimant sans fin, je reste solitaire
Dans l'épouvantement du sang et des clameurs,
Alors que par mes bras étendus, par mon cœur,
Par mes yeux attentifs où l'univers s'amasse,
Par mon agile esprit qui se nourrit d'espace,
J'appartenais à votre ineffable lueur ?…

## PRIERE DU COMBATTANT

Pulpe du jour, azur pénétré de lumière,

Vol calme des oiseaux, bien-être respirant.
Confiante douceur des choses coutumières,
Me voici, simple, fier et franc.

J'offre à votre splendeur éternelle et candide
Ce corps, souvent blessé, qui n'eut d'autre souci
Que de combattre avec une audace lucide,
Mourir c'est vous aimer aussi.

Lorsque je défendais le rivage et la terre
Où vous m'avez fait croître ainsi que l'olivier,
Nature, dont je suis la plante humble et prospère.
Je mourais pour que vous viviez.

Je ne vous dirai point de trompeuses paroles,
La guerre est pour tout être un fléau révoltant,
La Pitié, cheminant quand les Victoires volent,
Pleure sur tous les combattants.

Parfois, lorsque, parmi de longues agonies, ,
La lune au clair visage aplanissait les cieux,
Mon cœur se reliait à la nue infinie :
L'homme a sa grandeur par les yeux.

Je contemplais l'espace où tout fermente et veille,
Où l'esprit se mélange à l'éternel Destin,
Et j'entendais ce bruit de pensantes abeilles
Que font les astres clandestins !

Vainqueur, mon front guerrier fut couronné de lierre,
J'ai passé fier mais doux au milieu des vaincus,
Mon orgueil réjoui absorbait la lumière,
Et cependant je n'ai vécu

Que depuis le moment où, soumis, ô Nature
À ton unique vœu solennel et secret,
Je presse contre moi l'humaine créature
Qui m'est soleil, onde et forêt !

Mon être qui flamboie au souffle de sa bouche
Voit la vie et la mort en lumineux confins,
C'est par la volupté brûlante que l'on touche,
Ô monde, à ton âme sans fin !

L'univers provocant que jamais n'apprivoise
Le suppliant désir tendu vers sa beauté,
Je l'attire et l'obtiens lorsque mes bras se croisent
Sur un corps semblable à l'été !

Je travaille, je sais que l'homme est éphémère,
Que son ouvrage est vain, que son renom est court,
Que, pareil à l'Automne, il se mêle à la terre.
Mais la gloire est sacrée en servant à l'amour.
— Amour, divinité immense et solitaire ! —
Et quelquefois, la nuit, mon esprit curieux
Entend, tel un torrent situé sous les cieux
Qui roule mollement comme un dolent tonnerre,
Le soupir des amants et des ambitieux !

## LES BLESSÉS

Ainsi, pour avoir vu d'autres hommes, des hommes
Ont ces regards tachés de sang, ces yeux de loup,
Ce fier entêtement, ces rires économes,
Ces méplats basanés, rouilles comme des clous,
Et ce muet dédain de la vie où nous sommes…

Pour avoir approché des hommes, ces humains
Sont comme des métaux tirés de l'incendie.
Déchirés, entr'ouverts, roussis, ils ont les mains
Toutes lourdes encor de besognes hardies,
Et qui gardent le poids calme d'avoir tué.
— Ils ne nous diront pas, ces yeux accentués,
Quelle horreur ont marquée en leurs sombres pupilles
Le géant ennemi, la faim, le sac des villes,

L'obus épars en feu, les froids couteaux entrant
Dans la laine et la chair des poitrines, offrant
Pour une mort auguste, acharnée et difforme.
L'honneur simple et sacré du commun uniforme.
Bleus et rouges, mourant pour ces seules couleurs,
Sans rien interroger, comprenant que l'honneur
Est soudain indivis entre deux millions d'hommes,
Ils savaient que chacun devait payer la somme
Mystérieusement incluse dans le sang,
Par qui sera sauvé le nom de la Patrie :

Patrie, orgue épandu, vaste et retentissant !

Ces deux genoux, ces bras, cette âme qu'ont nourrie
Le doux air, le doux sol et le parler français,
Soldats fiers d'être fiers, chacun de vous pensait
Qu'il est juste d'en faire, à l'heure atroce et noble,
La restitution aux sillons, aux vignobles,
À la ville exposée, offensée, et qui veut
Lutter comme une vierge entre ses longs cheveux…

— Ô soldats que j'ai vus rire, souffrir, vous taire
Dans la blancheur de chaux d'un ancien monastère,
Où, comme un haut jet d'eau, s'élevait dans la cour
Un arbre purpurin tout saturé d'amour.
J'ai près de vous appris le mourir et le vivre.
Nomades réunis qu'un même élan délivre.
Étant tous des héros vous sembliez pareils :
Cent aigles sont ainsi ayant vu le soleil ;
Vous parliez doucement, gravement, sans emphase.
De ces exploits qui sont une effarante extase
Dont nos yeux, sur vos fronts, épiaient le reflet.

Les autres écoutaient celui-là qui parlait.
Le soir venait sans bruit, — le soir du pays basque.
Au mur nu scintillait un clairon près d'un casque,
Une femme passait en offrant du raisin,
On voyait se mouvoir des pieds bandés de toile

Et des fronts se hausser au-dessus des coussins.
Je regardais le ciel où naissait une étoile,
Mais l'espace est sans voix et sans complicité
Pour les meurtres sacrés où l'homme est emporté.
Puis des chiens aboyaient dans les fermes lointaines.
On entendait frémir les ailes, les antennes,
Tout le monde animal et son puissant baiser.
L'ombre furtivement s'emparait des visages
Où les regards luttaient dans le soir apaisé.
Tous ces soldats semblaient portés sur un nuage
Et ne plus souhaiter nul lieu où se poser,
Tant ils possédaient l'aile et le vent des archanges...

— Qu'à jamais soient dotés d'honneurs et de louanges
Ces hommes qui sans peur, sans haine et sans dégoûts,
Se ruant sur la guerre et recevant ses coups,
Ont, dans un naturel et prodigue mélange,
Tout semblables au sol qu'ils gardent et qu'ils vengent,
Fait jaillir de leur corps, de leur âme accouplés,
Le tumulte du vin et la bonté du blé !

Octobre 1914.

## CERTITUDE

On tue, et je savais qu'il ne faut pas tuer,
Je savais que la vie est la déesse auguste,
Qu'il fallait être bon plus encor qu'être juste,
Je suis de ceux que rien ne peut habituer

À la douleur humaine, à l'immense agonie
Qui déchire le globe et fait gémir les airs ;
Bien qu'au fléau la gloire est désormais unie
Je pleure sur les morts aujourd'hui comme hier ;

Et pourtant, à présent, je sais que rien n'égale
L'héroïque abandon, suprême et sans retour ;
Je sais que l'honneur est le faite de l'amour,
Et que la jeune mort est la mort triomphale.

Je sais qu'ils ont atteint le but essentiel,
Qu'ils ont vaincu la tombe et n'en sont pas victimes,
Ces garçons soulevés hors de l'étau charnel ;
Je sais qu'ils ont semé des astres dans l'abîme,
Qu'ils ont marqué leur sol d'un sceau spirituel,
Qu'ils ont donné le sacre à la forme du crime.
Et que leurs doigts sanglants leur ont ouvert le ciel…

Août 1915.

## QUOI ! JE ME PLAINS DE TOI…

Quoi ! je me plains de toi, Éternité sacrée,
Nature au cœur puissant !
Je m'afflige soudain de ta sainte durée,
Moi qui suis ton passant !

Je disparais, tu es ; mais j'ai le bénéfice
De ta ténacité.
Quand l'avenir me guide au bord du précipice
Je goûte ton été.

M'avais-tu donc promis, au jour de ma naissance,
Quand nous nous emmêlions.
Quand le destin joignait à ma tendresse immense
La force des lions.

Que nous ferions ensemble, et jusqu'au bout des âges,
Le studieux trajet
Pour quoi le sort m'avait accordé le courage
Et tout l'amour que j'ai !

D'où vient cette pensive et triste acrimonie
Qui s'irrite en mon sang,
Quand je songe qu'un jour, de ta course infinie,
Mes yeux seront absents ?

— Ce matin j'ai revu l'irruption joyeuse

De ton brusque printemps :
Chaque bourgeon dardait sa sève curieuse
Comme un regard pointant.

La neige avait encore, étincelante et nette,
Sur le gazon laissé
En touffes de cristal ses froides pâquerettes
Et ses astres glacés.

Mais déjà les bourgeons montraient sur chaque branche
Ce gonflement frisé
Qui témoigne qu'en jets de fleurs roses ou blanches
Leur nœud va se briser.

La forêt, froide encor, paraissait épaissie
Par ce fin verdoiement.
J'entendais chuchoter l'active poésie
Dans tout crépitement.

Et je songeais, mêlée au miracle ineffable
De l'éternel retour :
Ainsi, le paysage est bon comme une fable.
Rêveur comme l'amour,

Par mon souffle j'absorbe et je guide en mon être
L'azur, l'espace, l'eau ;
Je sens qu'en respirant, dans ma gorge pénètre
Jusqu'au chant des oiseaux !

Aussi bien que mon sang, dans mes veines palpite
La nature sans bord ;
L'éther, archange bleu, subtilement visite
Les fibres de mon corps ;

Le sol vivant, les flots, les acides verdures
Qui semblent s'allaiter
Au pétillant espace, où ruisselle et murmure
La calme quantité

Du temps, de tous les temps que jamais rien n'épuise,
Ô monde ! tout consent
À me verser sa paix, sa tiédeur et sa brise,
À moi, faible passant !

Et je vais m'insurger ? Et je fais un reproche
À cet azur bénin
De ne pas conférer l'éternité des roches
À mon humble destin ?

— Non, non, mon cœur n'a pas, ô siècle des batailles,
Tout regorgeant de morts,
L'audace de mêler à vos grandes entailles
L'abîme de mon sort.

L'indigne volupté de souhaiter de vivre.
Alors que sont éteints
Les juvéniles corps dont l'Histoire s'enivre.
Jamais plus ne m'étreint.

Mais si j'ose songer à mon léger passage
Parmi de neufs rosiers.
Si parfois je soupire, « Ô nature, est-il sage
Que vous m'éconduisiez ? »

Si je m'appuie encor, bien qu'ayant, je le jure,
Tout fui, tout rejeté,
À ces grands ciels des nuits où l'on prend la mesure
De ce qu'on a été,

C'est que mon triste esprit est tout chargé, mes frères,
De vos mortels exploits,
Et que j'ai fait de lui votre urne funéraire,'
Qui se brise avec moi !…

Mars 1916.

## LA PATRIE

Et le printemps revient ! L'éternelle saison
S'est frayé humblement, fortement, un passage
À travers le livide et souterrain carnage ;
Tant de morts engloutis, — obstruante cloison, —
N'ont pas gêné les pas secrets du paysage,
Qui monte, grêle et vert, sur le pâle horizon ;
L'espace est simple et sage.

Accablés, nous voyons ces cieux des soirs plus longs,
Ces jeunes cieux promis aux tendresses humaines !
Quoi ! Si proche des bois, des sources, des vallons
Où des adolescents stoïques se surmènent,
L'éther, qui pénétrait leur cœur, a déserté
Ces compagnons hardis pour accueillir l'été,
Que le fleuve des jours indolemment amène !
Le ciel pensif est doux, il est comme autrefois,
Il est comme plus tard. L'éternité sans âge
N'incline pas son stable et négligent visage
Sur d'épiques regards, sur de sublimes voix.
Et comme un vent joyeux repousse les nuages,
La saison du désir, le groupe heureux des mois,
Des funèbres fossés ont fait un gai rivage.

Il revient simplement, à l'instant attendu,
Ce serviteur exact, ce printemps assidu ;
Les prés sont réjouis, la pervenche est sans tache.
Des rais d'insectes d'or sont dans l'azur tendus,
Tous les vents palpitants ont, rompant leur attache,
Je ne sais quoi de fol, d'inspiré, d'éperdu…

— Ainsi toujours l'année a sa divine enfance,
Et la guerre, effroyable et hideux échanson,
Verse partout le sang, ruisselante démence ;
Et seul, sous le ciel bas d'un printemps qui commence,
Innocent, assuré, certain d'avoir raison,
Opposant son cri neuf aux désastres immenses,

Un oiseaU ; dans un arbre, élance sa chanson…

— Qui dira la tristesse écrasante, infinie.
De ce chant ingénu, invincible, qui nie
Le formidable don nécessaire des corps,
Qui renoncèrent tout, afin que soit bénie,
— Alors qu'eux à jamais seront exclus du sort, —
La Patrie, ineffable et mystique harmonie :
Royauté des vivants, éternité des morts !

Patrie indéniable, exigeante Patrie !
Vaste précision, éparse et sans contour :
Un mot, un long passé d'Histoire, une prairie
Où, enfant, l'on pensait : « C'est ici tout l'amour !
C'est ici l'univers ! » Patrie, un mot qui prie.
Qui enjoint, qui commande, et veut bien expliquer
Lentement, fortement, d'une voix mâle et sûre.
Malgré le grand péril de son sol attaqué,
Qu'elle a dû recevoir, non faire, la blessure.
Qu'à l'humaine bonté elle n'eût point manqué.
Elle qu'un cri plaintif de tout humain arrête
Et qui penche vers lui sa gourde emplie d'azur…

Patrie, âme évidente et pour chacun secrète,
Qui n'est pas seulement le terrain libre et pur,
Mais qui, dimension plus haute et plus sensible,
Étend jusques aux cieux ses sommets invisibles !
— Qui de nous, quand son œil sur la nuit se posait,
N'a cru voir luire un ciel et des astres français ?
Qui de nous, sur le bord des mers orientales.
Quand la beauté des jours pense nous asservir.
N'a langui de désir vers la terre natale
Où même le tombeau semble un long avenir ?
Patrie, un mot, mais qui jusqu'aux moelles résonne,
Un mot, et cependant sainte et grande Personne,
Debout, la face au vent, les cheveux répandus.
Haute comme un brasier que l'ouragan tisonne.
Redoutable d'orgueil, montrant, le doigt tendu.

L'honneur gisant, ainsi qu'un Paradis perdu…

— Vous ne prévaudrez point contre cette Furie,
Contre cette Justice aux yeux exorbités,
Printemps, chant des oiseaux, calme de la prairie,
Suaves matériaux qui formerez l'été !

Nature ! en vain vos cris stridents et volontaires,
Votre panique joie explosent jusqu'aux cieux,
Vous ne troublerez pas ces veilleurs de la terre :
Il n'est pas de plaisir sans un cœur orgueilleux.

Plaisir, fierté, courage, éléments de la vie !
Principe de l'unique et du fécond attrait !
Lueur d'une âme, par l'autre âme poursuivie.
Baiser des animaux dans les sombres forêts !
Accourez, combattez, forces de la Nature,
Avec ces fiers soldats plantés dans vos labours.
— Victoire audacieuse, enlacez leur armure,
Et qu'ils aient plus d'honneur pour avoir plus d'amour !

Avril 1916.

## LE JEUNE MORT

Tu meurs, ces mots sont brefs. Quelques mots pour nous dire
Ce qu'on ne peut pas concevoir !
Ta voix se tait, ton cou jamais plus ne respire.
Tu ne peux entendre ni voir.

Tu fus et tu n'es plus. Rien n'est si court au monde
Que ce pas vers l'immensité.
Le plus étroit fragment des légères secondes
T'a saisi et t'a rejeté.

En quel lieu s'accomplit ce suffocant mystère
Dont s'emparent l'air et le sol ?
Le souffle, quand le corps se mélange à la terre,

Monte-t-il vers les rossignols ?

Mais l'humble effacement de ton être qui cesse
Vient rendre mon cœur défiant !
J'ai peur de la pesante et rigide paresse
Pour qui rien n'est clair ni bruyant !

Où vis-tu désormais ? Étranger et timide
Combles-tu l'air où nous passons ?
Flottes-tu dans les nuits, lorsque la brise humide
À la froide odeur des cressons ?

Quelle fut ta pensée en ce moment terrible
Où tout se défait brusquement ?
As-tu rejoint soudain, comme une heureuse cible,
L'allégresse des éléments ?

L'azur est-il enfin la suave patrie
Où l'être attentif se répand ?
Rêves-tu comme moi, au bruit mol et coupant
Du rouleau qui tond la prairie ?

— Ô mort que j'ai connu, qui parlais avec moi,
Toi qui ne semblais pas étrange,
D'où vient ma sombre horreur lorsque je t'aperçois
Moitié cadavre et moitié ange ?

Les respirants lilas, dans ce matin de mai,
Sont de bleus îlots de délices ;
Jeune instinct dispersé, n'entendras-tu jamais
Le bruit d'un jardin qu'on ratisse ?

Ton âme a-t-elle atteint ces hauteurs de l'éther
Où vibre la chanson des mondes ?
Frôles-tu, dans la paix soleilleuse des mers,
Les poissons amoureux de l'onde ?

Comme tout nous surprend dès qu'un homme est pass(

Dans l'ombre où ne vient pas l'aurore !
Se peut-il que l'on soit, l'un du côté glacé,
L'autre du côté tiède encore ?

Un mort est tout grandi par son puissant dédain,
Par sa réserve et son silence ;
Ah ! que j'aimais ton calme et mon insouciance
Quand tu vivais l'autre matin !

Tu ne comptais pas plus que d'autres jeunes êtres,
Comme toi hardis, fiers et doux :
corps soudain élu, te faut-il disparaître
Pour briller ainsi tout à coup ?

— Le vent impatient, qui toujours appareille
Vers quelque bord réjouissant,
Qui se dépêche ainsi que la source et le sang,
Que la gazelle et que l'abeille,

Le vent, vif compagnon du souffle, gai transport
Qui s'allie avec la poitrine,
Qui fait danser la vie, ainsi que dans les ports
Les bricks sur la vague marine.

Le clair vent printanier qui ressemble à l'espoir,
Vient-il s'attacher comme une aile
À ton corps embué que je ne sais plus voir,
Perdu dans la vie éternelle ?

***

Ô Mort, secret tout neuf, et l'unique leçon
Que jamais l'esprit n'assimile,
Mendiante aux doigts secs, dont la noire sébile
Fait tinter un lugubre son ;

Ô Mort, unique but, abîme où chacun verse
Sans que jamais nul ne l'aidât ;
Cadavre humain qui fis, dans un jardin de Perse,

Trébucher le jeune Bouddha ;

Ô Mort, dont la cruelle et sordide indécence,
Provocante et s'étalant là,
Rendit sombre à jamais, au sortir de la danse.
L'adolescent de Loyola ;

Figure universelle, et que toujours l'on voile,
Montre-moi bien tes yeux rongés.
Afin que, sous la paix divine des étoiles,
Dans ce parfum des orangers.

Ce soir, le front levé vers la nue qui m'enivre
Par son éclat voluptueux,
J'oppose à la fureur unanime de vivre
Un cœur à jamais dédaigneux !

Avril 1918.

## LE DEPART
(Août 1914)

« Quand la Liberté vous appelle
Sachez vaincre ou sachez mourir. »

On les voyait partir, se plaçant dans l'Histoire,
Régiments déliés, Alphabet des Victoires,
Stances au pas rythmé d'un poème éternel…
Leur calme résolu, grave et noble, était tel
Qu'on n'eût pu deviner à leur marche affermie
S'ils partaient pour un jour ou pour l'heure infinie.

Ainsi vont les soldats pleins d'un même génie…

Mais dès qu'ils ont touché le sol d'Alsace, — quand
Ils ont vu s'élancer tous lès ruisseaux fringants
Qui venaient accueillir et porter les nouvelles,
Quand l'été flamboyant gisant sur les airelles,

Quand le galop léger du vent dans les forêts,
Quand enfin l'inquiet et l'unanime apprêt
D'un pays enchaîné hélant sa délivrance
Eut troublé ces soldats qui prolongeaient la France,
Oubliant qu'ils étaient d'abord obéissants,
Ils bondirent, jetant comme un cadeau leur sang !

— Quel appel, quel aimant mystérieux, quel ordre
Vainquit leur discipline, inspira leur désordre,
D'où battait ce lointain, vague et puissant tambour ?
— C'est que Rapp à Colmar et Kléber à Strasbourg,
Kellermann à Valmy, Fabert à Metz, et blême
De n'avoir pu sauver tout son pays lui-même,
Ney, qui voulait sur soi engloutir les combats,
Desaix, Marceau, Lassalle, — et vous aussi, Lebas,
Et Saint-Just, vous aussi ! — ô fiers énergumènes
Dont les plumets flambants sont pris chez le fripier,
Qui déchaussiez la nuit l'étranger qu'on amène.
Pour que la jeune armée eût des souliers aux pieds, -
C'est que tous les aïeux s'éveillant dans les plaines
Entonnèrent un chant, longuement épié !
C'est que, debout, dressés dans leur forte espérance,
Ces héros offensés qui rêvaient à la France
Sur le socle de bronze où le temps met les dieux,
Leur firent signe avec la fixité des yeux !
Soldats de dix-neuf cent quatorze, à quelle porte
Se ruait votre alerte et fougueuse cohorte ?
— C'est que vous vouliez faire, ô hurlants rossignols,
Rentrer dans la maison d'où s'élança son vol,
*La Marseillaise* en feu, qu'un soir Rouget de Lisle
Fit du bord d'un clavier s'épancher sur la ville ;
C'est que cette indomptée, aux bras tendus en arc,
Est, les cheveux au vent, la sœur de Jeanne d'Arc ;
C'est que le Rhin, sur qui les siècles se suspendent,
soldats de l'An deux, souhaitait qu'on entende,
Déchaîné par les cris, par les bras écartés,
L'ouragan de la Paix et de la Liberté !

## ENTRE LES TOMBEAUX ET LES ASTRES

Il faut parler aux morts, ils n'ont pas eu le temps,
Ces radieux garçons abattus à vingt ans,
De boire à la suave, à la cruelle vie.
Il faut parler auprès de leurs profonds berceaux :
Peut-être les tombeaux ne sont pas sans envie.
Dans l'éternel loisir des forêts et des eaux
Leur jeunesse sans fin attend, inassouvie.
Ces héros enfantins en qui l'homme naissait
Soupirent dans l'espace un dolent « Je ne sais… »

« Je ne sais, — disent-ils, — quels sont ces bruits qui tonnent
La terre est-elle encore en proie au mal guerrier ?
Ici tout est paisible, et dans les bois bourgeonne
Le tiède hiver de Février !

Il n'est pas de douleur pour nous, notre âme nue
Flotte liquidement à l'entour du soleil.
Nous sommes morts ; pourtant le monde continue.
L'univers reste-t-il pareil ?

Nous entendons des voix terrestres qui nous nomment ;
On nous appelle saints, bienheureux, purs et forts.
Pourtant nos sens se sont évanouis. Les hommes
Ont donc le souvenir des morts ?

Il semble que des fronts, des prières, des larmes
S'élèvent dans les cieux vers nos molles cités.
Nous étions des enfants endormis sous les armes ;
D'où nous vient notre éternité ?

Peut-être que la mort hardie et militaire
Est un don véhément qu'on ne fait pas en vain.
Sommes-nous à jamais le dôme de la terre
Et les ressuscités divins ?

Est-ce à cause de nous que l'espace s'imprègne

D’un éther plus fougueux, plus lucide et plus fier ?
Nous sommes immortels, se peut-il qu’on nous plaigne,
Nous n’étions que vivants hier !

Le glacial printemps, pétillant et bleuâtre,
S’élance du cristal léger de notre sang.
Tout ce qui fut demeure ; ô vie opiniâtre
Combien les morts sont agissants !

Et pourtant une aride et tendre convoitise
Vient troubler l’allégresse alerte de nos jours,
Nous n’avons pas, avant que le Destin nous brise.
Connu la douleur de l’amour.

Nous n’avons pas connu ce qu’enseignent les livres
Ces détresses, ces pleurs, ces suffocations.
N’est-ce pas pour souffrir qu’il est joyeux de vivre ?
Ah ! parlez-nous des passions !

Quel est donc ce danger qu’un jeune mort élude ?
Suave inconnaissance, et qui nous fait languir !
Les morts ont, de l’amour, l’immense plénitude,
Mais les vivants ont le désir… »

Ainsi parlent les voix des sources et des sèves,
Le feuillage chantant de la forêt, les fruits
Bourdonnants de soleil, la colline où s’élève
Le village qui fut détruit.

Ainsi parlent entre eux les astres lents qui songent :
Moines autour du puits de la lune rêvant,
Et le parfum des nuits qui se berce et s’allonge
Dans les hamacs légers des vents !

— Ô morts, nous répondrons à vos voix qui tressaillent ;
Avancez vers nos cœurs vos invisibles mains,
Voici, pour célébrer vos grandes fiançailles.
Toutes les filles des humains !

Les yeux toujours levés, l'âme habitant l'espace,
Le peuple féminin, comme un peuple d'oiseaux,
Fendra la noble nue où jamais ne s'effacent
Les exploits jaillis de vos os !

Quel homme arrêterait ces hautes hirondelles
Et les saurait tenir sous un joug assez sûr ;
Elles s'échapperont, adroites infidèles,
Et vous rejoindront dans l'azur !

Vous serez leur époux épars et tutélaire,
Et seul votre ample amour ne sera point trahi,
Car tout vivant délaisse un autre sur la terre
En se tournant vers l'infini !...

Février 1917.

## VICTOIRE AUX CALMES YEUX...

Victoire aux calmes yeux qui combats pour les justes,
Toi dont la main roidie a traversé l'enfer,
Malgré le sang versé, malgré les maux soufferts
Par les corps épuisés que tu prenais robustes,
Malgré le persistant murmure des chemins
Où la douleur puissante en tous les points s'incruste.
Je te proclamerais divine, sainte, auguste,
Si je ne voyais pas dans ta seconde main,
Comme un lourd médaillier à jamais sombre et fruste,
Le grand effacement des visages humains...

## LE MEURTRIER

« Je ne reconnais pas d'autre supériorité
« que la Bonté. »
BEETHOVEN.

Prince, pour étancher votre soif de la gloire,
Vous avez fait creuser, par vos peuples vassaux,
Un puits large et profond où verser à pleins seaux

Une gluante, pourpre et bouillonnante moire.
Penchez-vous, s'il se peut, sans râle et sans sursaut,
Sur ce gouffre, et laissez frémir votre mémoire…

Vos nations étaient un orgueilleux faisceau.
Ferme, joint, sur lequel, rouge et noir, votre sceau
Brillait comme un anneau nuptial et pudique.
Quelque chose chez vous flamboyait, pur, unique :
La Musique ! ô Destin ! vous aviez la Musique !
La Musique : Prêtrise et bénédiction.
Émissaire envolé qui va jusqu'aux étoiles,
Nef qui bondit, avec Dieu soufflant dans les voiles !

Musique : Délivrance et suffocation,
Clameur sanctifiée, unanime supplique,
Pardon, salut, amour !
Vous aviez la Musique !

Et de ces grsgides voix qui s'obstinaient chez vous,
Qui transportaient au loin vos sonores frontières.
Par qui vos durs aïeux pouvaient sembler absous.
De ces voix tour à tour tendres, saintes, altières,
Vous avez fait, — sinistre instrument du hasard, —
Des fantômes voilés et couronnés d'épines.
Qui ne chanteront pas pendant qu'on assassine…
— Schumann, Beethoven, Hændel, Schubert, Mozart,
Océan soulevé par le bleu clair de lune,
Évaporation des âmes, soirs, lagunes.
Foules sur les sommets, sources dans le désert,
Vous guidiez vers la nue en habitant l'éther !
Quand vos cris somptueux s'épandaient sur nos rêves.
Quand on montait vers vous comme le blé qui lève.
On saluait un peu l'Allemagne, on pensait :
Puisque le plus divin des anges, Dieu le sait,
A choisi pour séjour leurs nébuleuses rives,
Il faudra que le temps de la douceur arrive ;
La nation sera par ses musiciens
Sauvée. Ainsi Jésus voulut prendre pour sien

Le peuple qu'il savait désigné pour la faute,
Afin que chaque juif eût en lui, — comme un hôte

Qui dans l'ombre maintient l'orgueil et la clarté, —
Cette auguste, sublime et blanche parenté !

Mais l'homme qui sous lui presse la Germanie
Se détourne s'il voit pleurer les Symphonies…

— Ainsi, quand dans les soirs de Weimar, doux et lourds,
Beethoven près de Gœthe entendait le tambour
Qui précède le prince et son cortège en fête,
Quand, lâchant tout à coup l'épaule du poète
Qui s'avançait, ployant, auprès— du souverain,
Il poussait plus avant son chapeau sur sa tête
Et murmurait:« C'est moi le souffle et la conquête,
Le roi n'est que du vent dans mon pipeau d'airain,
Il prend la nation lorsque nous l'avons faite ! »
C'est qu'il avait prévu, avec un sûr effroi,
Qu'un jour le Chant serait offensé par un roi…

— Cet automne où je songe au fond d'un vallon basque,
Je vois, dans la maison que j'habite, son masque ;
Sa bouche détendue a comme un grand dégoût
D'avoir su que ce crime encor viendrait de vous !
Il reposait enfin ce martyr, et les astres
Mêlaient à l'harmonie, aux mouvements des cieux,
Les volutes sans fin de son cœur anxieux.
« Je n'aime, avait-il dit, que la bonté ! » Désastre,
Épouvante, stupeur, tout s'écroule ! Le sol

Est épaissi de sang ! Sait-il, ce rossignol,
Ce dieu de « l'Héroïque » et de la « Pastorale »,
Pourquoi les vergers ont une odeur sépulcrale,
Pourquoi le clair de lune est cette nuit voilé
Par de rouges lueurs ? Pourquoi l'air est brûlé ?
Pourquoi ce bruit tonnant ? Pourquoi les cathédrales.
Où la Musique trône à la droite de Dieu,

S’arrachent en fusée et remontent aux cieux ?

Dans l’empire allemand, désormais, quel silence !
Les morts qui furent grands sont des juges. Ils ont
Le droit de refuser d’indicibles affronts.
Et je les ai vus tous incliner vers la France.
La pâleur d’outre-tombe a rougi sur leur front.
Ceux qui portaient la lyre et ceux qui chantaient l’ode
Ont entrepris le juste et le suprême exode
Hors des âpres combats, cruels et sans honneur.
Par les coteaux sanglants, les fleuves, les hauteurs,
Ils s’en vont. L’Allemagne oscille sous son trône.
La France déchirée a, dans ses flancs ouverts.
L’avenir plein d’amour, d’espoir, de lauriers verts.
Et Gœthe a rencontré sous l’ombrage des aulnes,
Dont les voix lui versaient un frisson triste et fort,
— Car le crime guerrier est vaste, et se prolonge
Des chemins de la terre à la ligne du songe —
Un homme qui fuyait avec son enfant mort...

Octobre 1914

## DANS LE CIEL ÉCUMANT…

Dans le ciel écumant d’azur et de moiteur,
Où timides encor, pleines d’étonnement,
Les faibles voix d’oiseaux sont un bourgeonnement
Qui s’apparente avec les feuilles mi-ouvertes
Gonflant sur les rameaux comme des bulles vertes,
J’entends rêver la paix active du printemps.
Tout s’empresse, s’émeut, croit d’instant en instant.
Le parfum d’un rosier, comme une confidence,
Exhale par bouffée un charme qui soupire ;
Ce languissant parfum s’épuise et recommence :
La rose du rosier comme un être respire…
— Innocence, douceur, simplicité des choses,
Pacifique destin de l’ombrage et des roses,
Vous pour qui le soleil accourt sur les chemins,

Faut-il que la bataille, en son aveugle rage,
Entasse sans pitip, ensanglante et saccage,
Ainsi qu'une furie aux meurtrières mains.
Des moissons de regards et des bouquets humains ?

## LES JEUNES OMBRES

Soir de juillet limpide, où nage
La nerveuse et brusque hirondelle,
Tranquillité du paysage
Où le large soleil ruisselle,
Ciel d'azur et de mirabelles,
Qu'avez-vous fait de leurs visages ?

Du visage des jeunes morts
Dissous dans vos fluidités ?
De ces beaux morts qui sont montés
Par les fermes et fins ressorts
Du vif printemps et des étés,
Dans les feuillages frais et forts
De la terrestre éternité ?
Agile et scintillante sève
Dont la Nature est composée,
Qu'avez-vous fait de tous ces rêves
Qui se bercent et se soulèvent
Et se déposent en rosée
Dans l'ombre froide et reposée ?

Ces morts sont la pulpe du jour,
Ils sont les vignes et les blés,
Leurs saints ossements assemblés
Ont, par un végétal détour,
Comblé l'espace immaculé.
— Mais le terrible et doux amour
Que proclame tout l'univers,
Le désir jubilant et sourd,
Les sanglots dans les bras ouverts.
Le plaisir de pleurs et de feu,

Ces grands instants victorieux
Qu'aucune autre gloire n'atteint,
Où l'homme s'égale au Destin,
Et de son être fait jaillir
Le puissant et vague avenir,
Qui les rendra aux morts sans nombre ?
— Qui vous les rendra, tristes ombres.
Vous dont la multiple unité
Languit au ciel des nuits d'été !

## HEROÏSME

Mourir de maladie c'est mourir chez les morts,
C'est avoir vu s'enfuir la moitié de son âme,
C'est implorer en vain le Destin qui réclame,
Mais ceux qui pleins d'un net et bondissant ressort
Acceptent hardiment le rendez-vous suprême
Et tendent sans trembler leur main à l'autre bord.
Connaissent la fierté de mourir quand on aime,
Portés par le divin au-dessus de l'effort…
— Heureux ceux qui, frappés au moment qu'ils agissent,
Ont franchi d'un seul pas les regrets et la peur,
Et qui, loin de la morne et traînante torpeur,
Sont morts pour la Patrie et morts pour la Justice ;
— Pour la calme Justice au cœur plein de bonté,
Compagne de l'esprit et sa grande exigence !
La Justice au bras fort mais jamais irrité,
Et qui, laissant glisser nonchalamment la lance
Dont le lys déchirant ombrageait sa clarté,
Équilibre sa pure et prudente balance
Par le poids de l'amour et de l'intelligence !

## LA PAIX

Le déluge a cessé ; des humains s'interpellent,
L'on compte les vivants. Sur le globe étonné
Un antique bonheur soudain semble être né :
La Paix ! Nul ne savait comment cette infidèle

Reviendrait occuper, dans l'espace surpris,
Son univers brisé. Que d'espoirs autour d'elle !
Mais un fardeau songeur accable mon esprit :
Les morts sont sans nouvelles…

11 novembre 1918.

## L'AVENIR

— Ô beauté de la terre, ô fête des colombes,
Assentiment volant du sol aux cieux ouverts,
Quand la France criera, pour que les armes tombent
« Mon cœur a déclaré la paix à l'univers ! »

Ô Paix, ô saint azur, ô branche de l'olive,
Ô doux banquet du monde où s'assoit Michelet,
Voici que le printemps des nations arrive
Comme si l'ample amour de Hugo l'appelait !

— Victoire généreuse aux ailes innocentes,
Réjouis de tes cris les justes Nations,
Et que l'on voie bondir, sur ta gorge qui chante,
Les muscles enivrés de l'exaltation !

De l'exaltation pour le rêve et la vie,
Pour la joie et les jeux dans les libres cités,
Pour la multiple ardeur de lents loisirs suivie,
Pour le visage ovale et moite de l'Été !

Qu'une foule éblouie à ton appel réponde.
Qu'on pleure d'allégresse, et que notre âme soit
De l'éternel azur et du milieu du monde.
Et sente étinceler tout l'univers en soi !

— Ô Terre, que les dieux nous ont faite si belle !
Qui portez mollement, dans le matin rosé,
Les Monts Euganéens dont l'orgueil bleu ruisselle,
La Grèce, où le talon de Vénus s'est posé,

Qui portez les bosquets des Eaux-douces d'Asie,
Les Îles, que leur chaud feuillage fait plier,
Le corps dansant et doux de l'ivre Andalousie
Qui rit et luit, debout dans ses divins souliers,

Qui portez les jardins penchants de la Touraine,
L'Île-de-France heureuse, et Paris vigilant
Qui soupire et rugit pour toute peine humaine
Comme un lion de qui l'on tourmente les flancs,

Ô Terre, que partout l'amour enfin se pose !
Que tous les continents aient un même souhait,
Comme trente parfums font une seule rose,
Comme chaque rameau fait la verdeur de Mai.

Que chacun ait un fruit de la terre promise,
Et que dans l'air neigeux les dômes de Moscou
Aient la fierté dorée et libre de Venise,
Qui de joug n'a gardé que des perles au cou !

Que les soldats sacrés, qu'Achille, qu'Alexandre,
Voyant comme il fait sombre et triste chez les morts,
Disent : « Louez la vie et pleurez sur la cendre !
Hélas ! ne plus vous voir, Soleil ! Œil du jour d'or ! »

— Émouvante bonté, touchant désir de plaire
Qu'auront, d'un bord du monde à l'autre, tous les cœurs,
Quand amoureux d'un rêve immense et populaire
Les héros ne seront que de douleurs vainqueurs !

Puissance de la voix lyrique, tu pénètres
L'ombre où l'homme respire un air étroit et noir,
Et tu feras jaillir, dans toutes les fenêtres,
La lumière, que Gœthe, en mourant, voulait voir !

Et, puisque dans l'élan des juvéniles forces
L'homme reste un guerrier, un chasseur irrité,

Que son ardente sève, en déchirant l'écorce,
Brûle dans la musique et dans la volupté !

Les temps seront alors justes comme une fable,
Déjà des chants joyeux montent dans l'air serein,
Et voici que verdit la forêt innombrable
Dont chaque feuille mord un peu d'azur divin !

— Ah ! que, les yeux fermés, tout être se souvienne
De sa naïve enfance et des matins légers.
Du cercle de rosiers où des abeilles viennent,
Des groseilliers luisant au centre du verger.

Que sentant comme il est auguste et doux de vivre,
Comme le temps est court pour servir la beauté,
Comme chaque journée à nouveau nous enivre,
Il dise : Je le crois, voici la Vérité :

La Vérité, c'est vous, paix des plaines fécondes,
C'est vous, calme Justice au front lucide et pur,
C'est vous divin Soleil, Penseur ailé du monde,
Qui, rompant vos liens, bondissez dans l'azur !...

## 14 JUILLET 1919

Des hommes vont passer sous l'arche triomphale
Qui semble un cri de pierre entr'ouvert sur l'azur ;
Forts comme les torrents, fiers comme la rafale,
Ils vont, ceux dont le bras fut agissant mais pur.

Pour conquérir le droit de traverser la pierre
Qui, comme la Mer Rouge, a relevé deux bords,
Ces grands prédestinés ont fixé leurs paupières
Quatre ans, placidement, sur l'angoisse et la mort.

Ils ont lutté sachant que chaque moment tue,
Que les combattants n'ont ni vœux ni lendemains ;
Mais, cédant l'éphémère à ce qui perpétue.

Ces âmes se léguaient à l'avenir humain.

La nation que seul l'honneur pouvait convaincre
Avait de ses vivants fait deux sublimes parts :
Ceux qui devaient mourir et ceux qui devaient vaincre,
Et voici les vainqueurs ; — leur surprenant regard

N'est pas le seul reflet de l'âme satisfaite
Qui connut les travaux indicibles, et vient
À cette heure de joie et de douleur parfaites
Recueillir un laurier dont l'éther se souvient !

Un sensible ouragan s'épand sur ces visages,
On sent vivre sur eux d'invisibles secrets,
Ils semblent tout couverts de profonds paysages :
Celui qui les vit naître et ceux où l'on mourait.

La France est tout entière au creux de ces épaules
Qui l'ont portée ainsi qu'un joug ferme et serein :
La terre de l'olive et la terre des saules,
Les baumes de la Loire et les torrents du Rhin,

La plaine où la chaleur exalte le genièvre,
Les monts où les sapins font un ciel résineux.
Ont envahi leurs fronts, leurs genoux et leurs lèvres :
C'est la France et ses morts qui respirent sur eux !

C'est la France et ses morts qui s'avance et qui passe
Sous l'Arc qui vient restreindre un sort illimité.
Mais la gloire et les pleurs vont rejoindre l'espace
Et relier aux cieux leur noble éternité…

## COMPONCTION

J'ai mis mon cœur avec de jeunes morts naguère,
Mais comment vous parler, soldats morts dans la guerre,
Immensité stoïque et gisante, par qui,
À votre exclusion, tout bien nous fut acquis ?

— Un million de morts, et chaque mort unique :
Un mourant, sa fierté, sa foi, son dénûment,
Sa pitié de soi-même à son dernier moment,
Cette acceptation secrète et nostalgique,
Et l'univers humain qui s'évade d'un corps
Comme un vol effrayé de fuyantes abeilles !
Les leçons de Virgile et celles de Corneille,
Les horizons, l'orgueil, le plaisir, les efforts,
L'espérance, tout est abattu lorsque tombe
Un de ces beaux vivants qui désigne sa tombe
Et la creuse, étendu, de la tète aux talons…
— Avons-nous vraiment dit parfois : « Le temps est long »
Quand nous étions étreints par l'attente et l'angoisse ?
Mais eux, membres épars, noms légers qui s'effacent,
Histoire écrite avec le silence et l'espace,
Souterraine torpeur, le secret de chacun
À jamais enfoui dans le sol froid et brun,
Eux, dont vont se perdant la mémoire et la trace,
Eux, moins que la rosée et moins que le parfum !

— Mais non, vous n'êtes plus ni morts ni solitaires,
Buée aérienne et vigueur de la terre !
Vous ne vous dressez plus contre d'autres humains,
Bonté tragique, inerte et dissoute des mains !
Vous qui fûtes l'honneur, la douleur, le courage,
Jeunes corps à la fois épouvantés et sages,
Qui, voyant se lever vos meurtriers matins,
Étés tranquillement entrés dans le destin.
Morts émanés des bois, des routes et des plaines,
Vous qui contre la guerre à jamais protestez
Par le divin soupir des calmes nuits d'été.
Vous enseignez la paix, vous repoussez la haine,
Vous exigez qu'on croie à la bonté humaine,
Vous portez l'avenir sur vos cœurs essaimes.
Infinité des morts, qui permettez d'aimer !…

# II. ÂME DES PAYSAGES

Qu'il te souvienne aussi d'embaumer l'air...
VIRGILE.

Il est dangereux de rêver, Desdémona !
SHAKESPEARE.

## ÉTRANGER QUI VIENDRAS...

Étranger qui viendras, lorsque je serai morte,
Contempler mon lac genevois,
Laisse que ma ferveur dès à présent t'exhorte
À bien aimer ce que je vois.

Du bout d'un blanc chemin bordé par des prairies
S'ouvre mon jardin odorant ;
Descends parmi les fleurs, visite, je te prie,
Le beau chalet de mes parents.

C'est là, dans le salon que de fraîches cretonnes
Rendent clair et gai comme l'eau,
Que j'écoutais le soir, auprès d'un feu d'automne.
Ma mère jouer du piano.
Cette noble musique, en grande véhémence,
Tout le long de ma vie m'aida.
Donne-lui des regrets, puis goûte le silence
De la rêveuse véranda.

Tu verras, elle semble une barque amarrée
Entre la demeure et le lac.
Je gisais là, enfant par l'azur pressurée,
Comme au creux d'un dormant hamac.

Un divan turc, chargé de coussins lourds et rêches,
Me portait, et m'offrait aux cieux.
L'infini se prenait, miraculeuse pêche,
Dans la résille de mes yeux.

Et puis, quand la rosée, éparse et ronde, perle
Ainsi qu'un cristallin semis,
Parcours le vieux balcon où, comme un jeune merle
Je marchais, volant à demi !

Tâche de voir aussi, bien qu'elle soit changée
De mobilier et de couleur,
La chambre où, me sentant par la nuit protégée,
Je dormais auprès de ma sœur.

C'est dans cette attentive et studieuse chambre,
Où les anges m'ont tout appris,
Qu'éperdue, implorant le ciel de tous mes membres,
J'eus si grand peur d'une souris !

C'est là que j'ai connu, en ouvrant mes fenêtres
Sur les orchestres du matin,
L'ivresse turbulente et monastique d'être
Sûre d'un illustre destin.

C'est là que j'ai senti les rafales d'automne
M'entr'ouvrir le cœur à grands coups
Pour y faire tenir ce qui souffre et frissonne :
C'est là que j'eus pitié de tout !

Jamais aucun humain n'a senti des murailles
Contraindre un cœur plus enflammé.
Songe à cela, Passant, et que ta tendresse aille
À l'enfant qui a tant aimé !

Tout me semblait amour, angélique promesse,
Charité qui franchit la mort.
On persévère en soi bien longtemps : peut-être est-ce
Ma façon de survivre encor !

Maintenant, redescends, et vois sur le rivage
Une jetée en blanc granit :

Il n’est pas un plus pur, un plus doux paysage,
Un plus familier infini !

Laisse que ton regard dans les flots se délecte
Parmi les fins poissons heureux.
De là, on voit, le soir, comme d’ardents insectes,
S’allumer Lausanne et Montreux.

— Vevey, Clarens, Montreux, Lausanne, douces villes
Pour moi gisement des étés.
C’est votre molle emphase, éblouie et tranquille,
Qui m’a montré la volupté.

J’allais, étant enfant, dans vos pâtisseries.
Tout semblait clair et remuant.
Je sentais scintiller, parmi les verreries,
La connivence des amants.

Je le devinais bien, que l’enfance humble et sage.
Et son effort continuel,
Ne sont qu’un frêle essai de l’immense tissage
Que fait le destin sensuel.

Oui, je le savais bien que tout s’orne et s’empresse
Pour établir votre seul jeu,
Amour, unique loi, déroutante sagesse,
Équilibre vertigineux !

Plus tard, dans mon jardin, à l’ombre des platanes.
Quand le soir retient des sanglots,
Et quand sur l’eau s’épand la paix mahométane
Des pays tendres, bleus et chauds,

J’ai longtemps écouté une voix chaleureuse,
Triste comme le son du cor.
Quand on me descendra dans la tombe terreuse
J’entendrai cette voix encor.

— Je t'en ai dit assez, voyageur qui promènes
Tes yeux parmi ce vif séjour.
Pourtant, pose un regard, crois-moi, prends cette peine,
Sur la défunte basse-cour.

Elle n'est plus qu'un lieu désert et nostalgique,
Mais elle était belle autrefois :
Dans cet enclos, ainsi qu'en des livres bouddhiques,
Les animaux étaient des rois.

Ah ! je me souviens bien des bondissants effluves
De ce doux monde familier :
Odeur de plumes, d'eau, de fourrures, d'étuve,
De poussins tièdes et mouillés !

À présent, quitte-moi. Étranger, je m'incline :
Tu ne peux pas toujours surseoir.
Sans doute tu t'en vas à la ville voisine
Pour prendre ton repas du soir.

Pousse la porte en bois du couvent des Clarisses,
C'est un balsamique relais,
La chapelle se baigne aux liquides délices
De vitraux bleus et violets.

Peut-être a-t-on mis là, comme je le souhaite,
Mon cœur qui doit tout à ces lieux,
À ces rives, ces prés, ces azurs qui m'ont faite
Une humaine pareille aux dieux !

S'il ne repose pas dans la blanche chapelle,
Il est sur le coteau charmant
Qu'ombragent les noyers penchants de Nouvecelle,
Demain montes-y lentement.

Une église vit là, jaune comme du cuivre,
Avec un château dépendant.
Montalembert, dit-on, écrivit là ses livres

Traitant des moines d'Occident.

C'est là que dort mon cœur, vaste témoin du monde,
Que tout blessait, à qui tout plut.
Les astres cesseront un jour leur noble ronde,
Tout siècle sera révolu,
Puisque, malgré la force et le feu qui l'inondent,
Ce cœur infini ne bat plus !

## LE PAYSAGE EST CALME…

Le paysage est calme et dur,
D'une candeur qui désaltère ;
On croit que ce morceau d'azur
Repose sous un globe en verre.

Un cytise se laisse choir
Sur la blanche épine fleurie.
— Écoute les parfums du soir,
Confidences de la prairie !

L'atmosphère est un bleu désert,
Sans rien qui soupire ou qui tremble ;
L'herbage mielleux des prés semble
Doucement mâchonné par l'air,
Tant son suc imprègne et sature
D'une exacte et nette liqueur
L'espace peinturé d'odeurs
Et capitonné de verdure !

Sur le divan pâmé du temps,
Le croissant de la lune froide
Jette sa lame, courbe et roide
Comme la dague d'un sultan.

— Je n'ignore rien, ô Nature,
De votre vague immensité,
Je subis la tendre torture

Qu'impose un vaporeux été,

Je sais qu'un invincible abîme
Enlace mes pieds et mon corps,
Et que j'avance vers le crime
Inconcevable de la mort.

— Ô belles choses naturelles !
Que par vous mon rêve a saigné !
Mais par mes chants, tout imprégnés
D'un élixir dont je chancelle,
J'enclave l'homme, dédaigné,
Au sein de la vie éternelle !

Que suis-je ? Un humble atome errant,
Dont l'ardeur fut grave et pieuse,
Qui vit le réel d'un œil franc
Voilé de stupeur amoureuse,
Et j'ai rendu, en l'adorant.
L'évidence mystérieuse…

## LES BICHES

Biches qui rôdez dans le bois,
Calmes, perplexes, attentives,
Et qui, dans l'instant où j'arrive,
Vous dissipez autour de moi

Lentement, mollement, chacune,
En cercle autour de mon regard,
Comme un nuage au ciel du soir
Se défait autour de la lune.

Que j'aime vos airs vaporeux,
Et ces grands flocons de silence
Qui tombent avec nonchalance
De vos pas prudents et peureux !

Douces, et pourtant infidèles,
Vous fuyez en tressant vos pieds,
Avec des regards effrayés,
Comme un oiseau avec ses ailes !

Tendres animaux clandestins
Vêtus de bure, Couventines,
Qui frémissez dans le matin
Comme des cloches en sourdine,

Dans cette suave saison
J'entends bien vos songes qui volent.
Lorsque les calmes chemins sont
Pleins de sentiments sans paroles !

— Ô rêveuse Communauté
En oraison dans le feuillage.
Immenses papillons d'été.
Corps qui ne semblez qu'un sillage.

Vos yeux sont de dolents soupirs
Dressés sur la brise amollie ;
Mais puisque la mélancolie
N'est que le voile du désir.

En quel lieu, dans quelles ténèbres,
Le crime enivrant du plaisir,
À la fois bachique et funèbre,
Vient-il sur vous s'appesantir ?

Quand glissez-vous, furtives, promptes,
Voraces aussi, vers celui
Dont le cri puissant vous conduit
Par delà l'espoir et la honte ?

— Ô biches, dont le noble ennui
Dans les bleus matins se promène,
Je songe à ces heures des nuits

Où vous avez une âme humaine…

## LE FLOT LÉGER DE L'AIR…

Le flot léger de l'air vient par ondes dansantes
Du haut de l'horizon palpiter sur mon cœur ;
Un parfum réfléchi pend aux grappes pesantes
Du lilas bleu, courbé d'odeur.

Les fleurs du marronnier sont à terre et reposent
Au pied de l'arbre, ainsi qu'un purpurin étang,
La branche désertée indulgemment s'étend
Sur ce golfe de pulpe rose.

Le limpide matin est uni comme un lac
Dont le soleil a fait une turquoise chaude.
L'espace est un désert somptueux. Rien ne rôde
Dans l'azur qui sommeille ainsi qu'en un hamac.
Le moindre blanc caillou est frais, luisant, paisible,
Comme un puits scintillant aux versets de la Bible.

Tout bruit léger, lointain, se distingue si fort
Dans le globe bleuâtre où tout s'enlise et dort,
Que l'esprit qui songeait se réveille et sursaute
Au grincement d'un char se hissant sur la côte,
Au sifflement du pré parcouru par la faux :
Bruits furtifs, amortis, mais que l'azur recueille,
Comme un herbier retient les fins signaux des feuilles…

— J'aime jusqu'aux douleurs qu'inflige un jour si beau,
Jusqu'à cette asphjTfie éparse qui bâillonne
Le souffle des passants sur qui midi rayonne.
— Divinité fougueuse et calme du beau temps ! —
La même paix bénit la campagne et la ville,
Profondeur d'océan dans l'espace, et pourtant
Je ne sais quoi de pur comme un ruisseau tranquille.
Tout est pourvu, tout est complet, tout est content.
Le bonheur, le malheur sont tous les deux distants ;

Je n'imagine rien, je ne veux rien, j'attends…

## LA PAIX DU SOIR

Dans l'éther où la lune luit,
Et verse sur la capitale
Sa grande paix provinciale,
Une horloge sonne minuit.
— À travers les nocturnes voiles,
Elle sonne, on ne sait pas d'où,
Et ce son est si pur, si doux,
Qu'il semble qu'une blanche étoile
Tombe du ciel à chaque coup :
— Douze coups lents, chantants, tranquilles,
Comme l'argent dans la sébile…

## MATIN D'ÉTÉ

Le chaud velours de l'air offre à la rêverie
Un divan duveteux où mon esprit s'ébat,
La verte crudité de la jeune prairie
Est pour l'œil ébloui un exaltant repas.

L'ombrage et le soleil quadrillent la pelouse
Où le brûlant matin se repose, encagé ;
Il semble qu'en volant une guêpe recouse
Le merveilleux éther par ses jeux dérangé.
Mon immobile rêve a l'ampleur d'un voyage ;
J'entends le bruit mouvant et lointain de l'été :
Murmure énigmatique où tout est volupté.
Le ciel, aride et pur, est comme un bleu dallage,
Mon cœur calme bénit les dieux aériens,
Et je croise les mains, n'ayant besoin de rien
Que de penser à toi dans un clair paysage…

## LE CRI DES HIRONDELLES

Hirondelles du crépuscule
Qui volez sur un ciel de fleurs,

Un ciel couleur de renoncule
Et couleur de pois de senteurs.

Vous qui mêlez par vos coups d'ailes
Ce rose et bleu des ciels du soir,
Et qui jetez vos cris d'espoir,
Mélancoliques hirondelles,

Cris d'espoir plaintifs, anxieux,
Qu'ont aussi les trains qui pénètrent
Dans l'humble et respirant bien-être
Des horizons silencieux,

Hirondelles mélancoliques,
Qui sillonnez l'azur où luit
La pure étoile spasmodique,
Muet balbutiement des nuits,

Pourquoi vos longs vols en détresse
Percent-ils le cœur, harcelé
Du besoin d'être consolé
De la beauté, de la tendresse,

Consolé même de l'amour.
De sa paix distraite ou pensive,
Quand l'amour n'a pas chaque jour
Ses saintes fureurs excessives ?

— Que sais-je de plus fou que vous.
Oiseaux dont les cris tourbillonnent ?
Peut-être la nuée où tonne
Le romanesque orage d'août,

Peut-être, dans les soirs trop tendres,
Le flot d'odeurs glissant des bois,
Peut-être le trouble d'attendre.
Secrètement, l'on ne sait quoi…

## L'ESPRIT PARFOIS RETOURNE…

L'esprit parfois retourne à des séjours lointains,
À de charmants climats aimés dans la jeunesse,
Et voici que dans l'âme abondamment renaissent
Les pétillantes nuits et les naïfs matins.

Je me souviens, ce soir, d'un jardin près de Nice,
Acide à l'odorat par ses mandariniers,
Tendre par ses palmiers inclinés qui bénissent
Les oiseaux turbulents et l'étang résigné.

— J'avais vingt ans, j'étais une enfant qui contemple
L'exaltant univers avec un humble amour,
Et cependant, pareille aux colonnes des temples.
Je portais le divin sans le sentir trop lourd !

J'étais une enfant triste, enivrée et chétive,
Avec je ne sais quoi de fort comme la mer
Qui ne saurait manquer, alors qu'il faut que vive
Un corps léger qu'anime un ouragan amer.

La nuit, me soulevant d'un lit tiède et paisible,
M'accoudant au balcon, j'interrogeais les cieux.
Et j'échangeais avec la nue inaccessible
Le langage sacré du silence et des yeux.

Ah ! que je me souviens, enfant grave et profonde,
De vous qui fûtes moi ! Comme j'entends encor
Les grenouilles chanter, ces cigales de l'onde,
Dont l'humide gosier, pareil au son du cor,

Mène autour des bassins une pleurante chasse
Où passe le galop léger du temps qui fuit :
Ce galop délicat, ténébreux, plein d'ennui,
Qu'absorbe sans répit le nonchalant espace…

J'entendais cette plainte et je voyais les cieux,

L'ombre nouait à moi ses frais rubans qui mouillent,
Et j'écoutais perler le sanglot des grenouilles :
Roucoulement de bois, hoquet mystérieux.

— Assistantes des nuits, qui, dans les noirs herbages,
Egouttez votre chant d'un rauque et pur cristal,
Peut-être la rosée est-elle le sillage
Que laissent vos soupirs sur le sol matinal ?

Chanteuses sans éclat, qu'on méprise et qu'on blâme.
Vous qui patiemment, longuement protestez
Contre l'enchantement suspect des nuits d'été
Où toutes les beautés sont mortelles à l'âme,

Votre pauvre cantate emplissait mon esprit
Plus que le sublime œil des étoiles fringantes ;
Nous adressions ensemble à la nuit provocante
Vos reproches confus, mais que j'avais compris.

Vous égreniez en moi vos trébuchants rosaires,
Et, devant la splendeur des astres éloignés,
Je sentais s'accorder avec votre misère
Mon cœur, autant que vous par les cieux dédaigné…

## UNE HEURE D'ÉTÉ

Un store jaune, un rosier rose,
L'azur compact et scintillant
Qui parmi les maisons repose
Comme un lait bleu dans un bol blanc,

Une abeille, mol équilibre,
Poids vibrant, velouté, penché,
Qui s'enchaîne aux fleurs, et puis, libre.
Semble en volant se pourchasser.

Le silence, fleuve limpide.
Où, calme navigation,

Indéfiniment se dévident
De fines intonations.

Voilà la beauté pure et pleine
D'un jour par les dieux composé ;
Mais, ô Nuit, comme vous brisez
Cette ineffable porcelaine...

## JOUR DE JUIN

Beau jour, tout composé de vert, de bleu cuisant,
Dont le grésillement est menu et paisible,
L'été t'a recouvert d'une gaze d'argent
Qui veut te rendre incorruptible.

Tu semblés protégé, depuis ton clair matin,
Par la fine coupole amollie et soyeuse
De la chaleur, qui croit prolonger ton destin
Par sa force tendre et soigneuse.

Se peut-il, jour parfait, que ton charme obstiné
Résiste au soir naissant ? Déjà les hirondelles
Font entendre leurs cris rassembleurs et fidèles,
Déjà la cloche du dîner

Fait jaillir à travers les blanches clématites
Ses bonds de chevreau fol, à sa corde lié ;
Quel rappel de l'enfance en mon âme suscite
Cet humble angélus familier !

Beau jour, le faible soir vous absorbe et vous cède
À la nuit, dont chaque heure est de l'éternité,
Tant ce qui meurt est mort ! Car qui de nous possède
Un seul jour des anciens étés ?

Combien de fois déjà ces pêches azurées
Que sont les cieux dé juin, onctueux, succulents,
Ont-ils nourri avec leurs sèves bigarrées

Mon regard, comme eux opulent ?

Qu'ai-je fait de ces jours dont le suc d'or s'exprime
Sur les yeux éblouis et l'espoir frémissant ?
Ai-je aimé pour eux seuls ces espaces sublimes
Qui voudraient sembler innocents ?

Ai-je d'un cœur dévot, virginal et tranquille
Vénéré dans l'éther les invisibles dieux
Lorsque le soir pâmé étend ses roses huiles
Comme un sanglot voluptueux ?

D'où vient ce chaud pouvoir des soirs qui nous fascinent,
Quand l'hirondelle jette en cercle dans l'azur
Ses cris persécutés d'oiseau qu'on assassine,
Suivis d'un silence ample et pur.

Une abbesse accoudée au puits d'un monastère
Est un lys infini s'allongeant jusqu'aux cieux,
Mais jamais je n'ai cru que le ciel ni la terre
Combleraient mon cœur anxieux.

Je ne contemple pas l'activité suave
De ces soirs traversés par des flèches d'oiseaux
Sans frémir d'écouter l'appel sourd et si grave
Qui monte des bois et des eaux.

— Je m'abandonne à vous, éparse songerie
Où le divin s'unit à de profonds instincts ;
J'ai toujours déchiffré votre antique furie,
Beaux soirs faussement enfantins !

Comme un métal sur qui le dur marteau s'abaisse,
Mon être, en qui s'émeut le bloc tremblant des pleurs,
Sent descendre sur lui d'implacables caresses,
Jusqu'à l'éclatement du cœur !...

## LE CIEL EST D'UN BLEU…

Le ciel est d'un bleu qui jubile,
Un oiseau que je ne puis voir
Chante, le beau jour immobile
Proclame un véhément espoir.

Espoir de quoi ? Le temps, en somme,
D'aimer n'est pas indéfini ;
Alors, qu'importe au cœur des hommes
Ce ciel heureux, ce bleu béni ?

Comment ! J'entendrais dans la rue,
Dans l'air, aux volets des maisons
Fourmiller la tendre saison
Sans qu'elle soit pour moi venue ?

Sans qu'elle me promette tout,
L'amour seulement, c'est-à-dire,
Mais l'amour par qui l'on respire
Et sans qui rien n'a plus de goût.

L'amour plus sûr que la science
Qui rêve et qui découvre enfin,
L'amour plus fiévreux que la faim,
Plus rusé que la patience.

L'amour hardi comme un vaisseau
Où, sur les flots que le vent mêle,
L'odeur du goudron bat des ailes
Et fustige les matelots !

— Amour, tâche pure et certaine,
Acte joyeux et sans remords,
Le seul combat contre la mort,
La seule arme proche et lointaine
Dont dispose, en sa pauvreté,
L'être hanté d'éternité !

## MATIN DE PRINTEMPS

La pluie, enveloppante, ombrage
L'espace, les bois, la prairie,
Et forme sur le paysage
Une cage en verroterie.
C'est la pluie allègre d'avril,
Elle est mince, dansante et lâche
Comme des perles sur un fil.
Elle est joyeuse ! C'est sa tâche
De descendre en jets allongés,
De se glisser, de se loger
Dans les fentes et les entailles
Des bourgeons aux vertes écailles,
Acérés comme un dur métal.
— Soudain la voici qui s'arrête
Et qui suspend ses gouttelettes
Comme une glycine en cristal.

Déchaînant son étourderie,
Le vent, trébuchant et dansant,
Éparpille sur la prairie
Ses lambeaux d'air réjouissants.
Le soleil renaît, résolu.
— Que l'air est bon quand il a plu !
Le sol, que l'onde pénétrait,
Délivre ses parfums secrets :
Odeur de résines, de graines,
Fines essences souterraines,
Secs effluves des minéraux…
La vrille du chant d'un oiseau
Fouille le ciel et le perfore.
L'azur est peinturé d'aurore.
Jamais midi n'a tant brillé.
Tout éclate de bonne chance !
Un jardin, respirant, élance
Ses mois arômes vanillés.
Une poule, ivre de jactance.

Lasse, heureuse, les yeux cillés.
Adresse au poudroyant silence
Son long hoquet ensoleillé…

## ÉTÉ, JE NE PEUX PAS…

Été, je ne peux pas me souvenir de vous :
Tel est votre secret, et telle votre force.
Que dès que je vous vois jaillir de toute écorce
Un radieux effroi fait trembler mes genoux !

Quoi ! vous étiez ainsi l'autre année, et vous êtes
Ce même éclatement de verdure et d'odeur,
Cet excès d'abandon et de molle tempête
Par quoi vous endormez ou déchaînez le cœur ?

— Le monde est un pompeux pavillon de feuillage
Les bosquets, panachés de bouquets triomphants,
Se balancent ainsi qu'au dos des éléphants
L'éclatant palanquin de l'Inde qui voyage.

L'odeur d'eau d'un torrent s'envole avec gaîté
Et s'épand en subtile et liquide poussière ;
Je songe à mon enfance, où j'ai tant souhaité
Voir l'eau d'un lac charmant rester bleue dans mon verre !

Par ma fenêtre ouverte une guêpe tanguant
Se heurte à tout l'azur et bondit dans ma chambre.
Son corps impétueux, couleur d'agate et d'ambre,
Semble être pourchassé par son propre ouragan.

J'entends les mille chants légers de la Nature ;
Tout composé de bruits, que le silence est beau !
Je vois la fleur crémeuse et large des sureaux
Comme une Voie lactée rêver dans la verdure.

Et le vent buissonnier, indocile, riant,
Chargé de ciel, d'espace et de longs paysages,

Est pareil à ces vins venus de l'Orient
Dont le secret empois a le goût du voyage…

## JOVIALE ODEUR DE LA NEIGE…

Joviale odeur de la neige
Plus bleue que blanche ! et le silence
De tout ce sucre glacial,
Qui papillotte, et qui protège
De son calme repos loyal
Le sol où le printemps commence !
— Printemps caché de Février,
Vous me chauffez, vous me riez
De dessous cette nappe claire
De froide farine stellaire,
En ce beau matin d'azur gai !
Le cœur ébloui, intrigué,
J'écoute, sybille terrestre,
Printemps ! vos souterrains orchestres !
— Ô forces de la profondeur,
Qui, à coups de petites fleurs,
De fines et frêles papules,
De filaments, de vertes bulles,
De petits jets sucrés, laiteux,
Qui tous se concertent entre eux,
En deux mois d'efforts allez faire
S'ouvrir d'amour toute la terre !

Une biche passe à pas lents ;
Son souffle est sur son front dolent
Comme une vapeur de théière.

— Ô molle neige cachottière,
Tous vos rires de corail blanc
Annoncent les jeux pétulants
Des belles ruses printanières !
Sur vos édredons cristallins
Cette nuit sont venus s'ébattre,

— Sorciers fourchus et clandestins —
Des pieds de chevreuils et de martres.

Ô neige, l'hiver est passé !
Ton grand silence, condensé
En mousseuse verroterie,
Prépare la jeune prairie :
Prairie où nous verrons éclos,
Sirupeux et battant de l'aile,
Ces écarlates hirondelles :
Les frémissants coquelicots !

— Neige, brillant sorbet d'étoiles,
Sur ta gouache épaisse et sans plis
Les pas des oiseaux ont molli
Et tracent de légers pétales.
Un roitelet frileux, touffu.
Tassé sur la branche, répète
Son cri aigrelet, vif, pointu
Comme un grain d'épine-vinette.
Ciel et terre sont scintillants :
Je sens que le jeune Orient
Frémit sous la neige laquée,
Comme un groupe d'enfants, riant
Au fond d'une blanche mosquée !…

## CONTENTEMENT

Réjouissance du froid,
Sa secrète odeur métallique,
Quand les flots du vent dans les bois
Enflent de leurs clameurs épiques
Les grands branchages aux abois !
Le sol sec sonne sous les pas.
Clarté d'un matin de Décembre !
Le ciel est miroitant et plat.
D'un bleu fluide mêlé d'ambre.
— Et toujours la subtile odeur

De ce froid clair, aigu, moqueur,
Qui vient étreindre le visage !
— Ô beauté d'un froid paysage,
Fierté misérable du sol
Aride comme un dur rivage,
Cependant que, riant et fol,
Tout amusé de son aisance,
— Tel sous un jaune parasol
Un Japonais qui jongle et danse —
Le soleil, ce bel étranger,
Que le froid fait se rengorger,
Crépite, étincelle, s'ébroue, ^
Darde ses couteaux, fait la roue,
Ne peut pas être fatigué !
— Qu'il est insouciant et gai
Dans son ivresse solitaire.
Ce soleil de toute la terre.
Alors que le pâle Occident
Est déchiré à coups de dents
Par la rude et claire tempête !
Tout nous quitte !… Mais tout à coup
Un oiseau qui gonfle son cou
Semble proclamer à tue-tête.
Faisant face au cinglant éther.
Qu'il n'abandonne pas l'hiver !

## LA NAISSANCE DU PRINTEMPS

C'est soudain le printemps ! La verdure s'enroule
Autour des branchages foncés :
Aériens semis, verte et fine semoule,
Bourgeons crépus, frisés, froncés !

On ne sait quoi d'heureux se concerte et pullule
Dans l'azur enfin revenu.
— Invisible bonheur du printemps sans scrupules,
Et pourtant toujours ingénu,

Se peut-il qu'aujourd'hui votre brusque présence,
Solide comme un marbre bleu.
Altère ma tristesse, endorme ma prudence,
Et que je brûle avec vos feux ?

Se peut-il que, vraiment, mon ferme esprit oublie
Tous les forfaits de l'univers
Parce quïvre de jour un fol oiseau délie
Son bec, comme un pépin ouvert !

Quoi ! De l'azur pareil à quelque lac céleste,
Un bourdonnement de chaleur,
L'atmosphère bénigne, et qui fait de doux gestes
De bonté, d'odeurs, de couleurs,

Un silence qui semble épandre une promesse
De familière éternité,
De chauds cocons de fleurs, couvés par la caresse
De la suave immensité.

Serait-ce suffisant pour qu'on perde mémoire
Des pièges sanglants du destin,
Et pour que les sommets rougeoyants de l'Histoire
Se fondent dans un bleu matin ?

Hélas ! Que tout est beau, et que tout nous rappelle.
Sans rien d'usé, rien de terni,
Notre enfance au grand cœur, qui portait devant elle
Son rêve, que rien n'a béni !

Voilà donc ton miracle, enjôleuse Nature !
Tu reprends tes enfants grandis.
Et tu mets ces déçus, ces humaines usures,
Dans ton neuf et vert paradis !

Ils revoient aussitôt cet avenir sans terme
Par quoi l'enfant est exhorté ;
Leur espoir se rallie aux innombrables germes

De la verte nativité !

Ils retrouvent, parmi ces arômes précoces
De la saison qui contient tout.
Leur cœur jeune et puissant, gonflé comme une cosse
Que forcent les grains durs et doux.

Ils se disent : C'est nous que le futur escompte,
Qu'importent nos languissements !
Même quand nous flânons, notre route qui monte
Aboutit au bleu firmament !

Ils se disent : Les maux insignes, l'infortune
Sont pour d'autres, mais non pour nous :
La foudre perd son dard, la haine sa rancune
Dès qu'elles touchent nos genoux.

Ce qu'on n'accepte point jamais ne nous menace :
L'ardent esprit impose au sort ;
La jeunesse est l'archange enflammé, qui terrasse
L'ennui, l'évidence, la mort…

Mais les jours sont venus, ont passé ! Comment dire
Notre affreuse déception !
Seul, le silence peut prendre ce noir délire
Sous sa grande protection.

Quelle voix suffirait ! La muse Polymnie,
Les lèvres jointes, les yeux clos,
Convertissait le chant, la clameur infinie,
En silence qui parle haut ;

Et je n'aurais jamais avoué ma détresse,
Ô mol printemps pernicieux,
Si vous n'aviez pas fait se rouvrir ma jeunesse
Sous l'ample pression des cieux !

## VERS ÉCRITS EN ALSACE POUR UN JARDIN DE SAVOIE

Quand deux pays sacrés font retour a la France,
Quand mon cœur les choisit comme un plus fier séjour,
Je sens un susceptible et poétique amour
Me ramener vers vous, jardin de mon enfance,
Dispensateur de tous les biens que j'ai connus !
Je revois vos rondeurs, vos chemins bien venus,
La rose, comme un fruit d'automne, blanche et blette,
Le froid pétillement argentin des ablettes
Dans un lac, île d'eau que baignent des prés verts,
La pureté subtile, infantile de l'air
Où, même aux jours très chauds, l'on sent jouer, fondue,
La neige en vif velours, des sommets descendue,
Qui vit l'aconit bleu et le frais arnica…
Je ressens, en songeant, le bonheur délicat
De voir, de respirer, que l'on avait naguère.
Ce doux je ne sais quoi d'avant la grande guerre,
Quand le cœur n'étairpas à jamais abattu
Par ce qui fut possible et qu'on n'avait pas cru.
Dans ces temps bienheureux où les étés brasillent,
Une enfant sur la route, affamée, en guenilles,
Un âne dont le faix ensanglantait le dos,
Étaient toujours pour moi un si cruel fardeau
Que j'avais le désir, tant la pitié m'oppresse,
De mourir, pour cesser d'éprouver la détresse
De ne pquvoir aider et sauver de tout mal
Cette enfant inconnue et cet humble animal…
— Et puis nous avons dû subir le sort terrible
De voir tout ce qui vit et luit passer au crible
De la hideuse mort, qui rendait en lambeaux
Tout ce qu'elle avait pris, si riant et si beau !
— Avoir fait de ces corps de si larges semailles
Que partout où l'on est, que partout où l'on aille,
L'on entende germer des morts adolescents !
— Jardin de mon enfance, il n'y a pas de sang
Parmi l'éclosion de vos plantes naïves ;

Un léger volant d'eau se défait sur la rive
Et couvre, en s'épandant, de sa fraîche clarté,
Mille petits cailloux, chassés et rapportés.
Qui font un bruit secret et glissant de rosaire.
Une joie assurée, et qui n'est pas altière.
Pénètre le tissu des sirupeuses fleurs.
Un roitelet, gonflé de moelleuse chaleur,
Menant dans un sapin sa course étroite et vive.
Semble un fruit remuant sur la branche passive.
— Ô candide beauté des riants éléments :
L'azur, l'onde, le sol, tout est envolement !
L'abeille aux bonds chantants, vigoureusement molle,
Roule, tangue, s'abat de corolle en corolle.
Dans l'éther sans embu, et pareil au cristal,
L'oiseau sème ses cris comme un blé musical.
Les blancs pétunias créponnés, qui se fanent
Dès qu'on veut les toucher ou bien les respirer,
Semblent, dans leur faiblesse humide et diaphane,
Un défaillant bouquet de papillons sucrés.
— Ô Nature divine et fidèle à vous-même,
Exemple du labeur, exemple de l'amour,
Puisqu'il faut que l'on vive et qu'il faut que l'on aime,
Enseignez, par l'éclat éblouissant du jour,
Les cœurs les plus étroits et les fronts les plus sourds !

## ODE À UN COTEAU DE SAVOIE

Espiègle soleil, tu ris
Sur la sourcière prairie,
Où trois, quatre sources jettent
Leur eau tintante et replète,
Qui gonfle, et vient humecter
L'herbeux tapis de l'été !
— Les petits arbres fruitiers
Sont posés tout de travers
Sur ce coteau lisse et vert !
Un neuf et frêle poirier,
Par ses feuilles sans repos,

Pépie autant qu'un oiseau :
Il frémit, babille, opine,
Sous la brise la plus fine.
Quand, le soir, la lune nette
Le peinture d'argent clair,
Il fait, dans le calme éther,
Un bruit frais de castagnettes !
J'entends ce bruit d'arbre et d'eau
Qui s'obstine et se dépense
Comme si le monde immense
Et les vents qui montent haut
Recherchaient la confidence
De l'humble et faible coteau !

— Ô petite bosse verte
Que le soleil illumine,
Renflement des prés inertes,
Frère cadet des collines,
Coteau dont nul ne saurait
Le vif et pimpant secret.
Si mon œil, en qui tout chante.
N'avait posé sa folie,
Sa foi, sa mélancolie.
Sur ta mollesse penchante.
J'aime tes airs sérieux !
— Petit fragment sous les cieux
De l'univers qui tourmente,
Toi, fier des sources ailées.
De tes hautes roses menthes
Dont les tiges sont mêlées
À l'absinthe crêpelée.
Toi, laborieux autant
Qu'un moulin qui, tout le temps,
Fait mouvoir sa forte roue,
Toi qui travailles et joues,
Ne devrais-je pas aussi
Plier parfois mon souci
À des tâches coutumières ?

Mais, cher coteau, je ne puis !
Il faut à mon âme fière
Tout l'univers pour appui !
Non, je ne suis pas modeste,
Je n'ai pas d'humble devoir,
Tous mes rêves, tous mes gestes
Ont les matins et les soirs
Pour témoins sûrs et célestes !
— Que veux-tu, j'ai, tout enfant.
Dans le soleil et le vent,
Gravi un secret chemin,
Où ne passe nul humain ;
Un chemin où nul ne passe.
Car il n'a, en plein espace.
Ni bornes, ni garde-fou,
Ni discernable milieu.
Ceux qui franchissent ces lieux
Rendent les humains jaloux !
L'on subit grande torture
Sur ces sommets de Nature !
Plus jamais l'on n'est pareil
À ce qui vit sur la terre.
Mais on est un solitaire
À qui parle le soleil !
Jamais plus l'on ne ressemble
À tous ceux qui vont ensemble
Travaillant, riant, dormant ;
On rêve du firmament,
Même aux bras de son amant.
Jamais plus l'on n'est joyeux.
Mais l'on est ivre ! Parfois
On est un martyr en croix,
D'où coulent des pleurs de sang,
Et l'on n'a plus d'envieux…
Mais on est un cœur puissant,
Et l'on appartient aux dieux !

## SALUTATION

Le vent matutinal, des coteaux à la rive
Bondit comme un troupeau d'agneaux qu'on délia.
Du balcon brasillant, suave perspective,
Le lac semble porté par les magnolias
Tant l'azur satiné se mélange à leurs branches ;
Et ce long flot soyeux tout uniment s'épanche
Dans les arbres charnus. Les oiseaux submergés
Se baignent dans les airs et paraissent nager.
Quelle amitié rêveuse et nostalgique lie
Cette franche Savoie à l'ardente Italie ?
— Je pense à sainte Claire, à Jeanne de Chantal,
Et, dans ce gai septembre où l'air est de cristal,
Où les parfums ainsi que les rumeurs s'aiguisent,
J'entends sur le coteau, liquides et précises,
Les cloches des troupeaux tinter limpidement.
Et c'est, dans l'herbe verte où scintille l'église,
Comme un humble angélus offert pieusement
Par saint François de Sale à saint François d'Assise…

## SCINTILLEMENT

Le frais printemps est revenu,
Sa tiède atmosphère ébahie
Répand ce plaisir vif, ténu,
Qui semble toujours inconnu.
Les bois sont imbibés de pluie ;
Les lourds bourgeons gonflés, mouillés,
Scintillent d'eau et de lumière.
— Ô verte éponge printanière,
Tu fais ruisseler sur le cœur
La joie humide des odeurs !
Comme des elfes invisibles
Tous ces petits parfums contents
S'en vont s'insinuant, sautant,
Sous les fins herbages flexibles :
Frais piétinement clandestin

Qui rend la Nature attentive !
Les vents légers ont ce matin
Cette odeur d'onde et de lointain
Qu'ont les vagues contre les rives.
— Divine spontanéité,
Jeunesse éternelle du monde,
Verte cosse où mûrit l'été,
Printemps en qui l'espoir abonde,
Ah ! demeurez à peine ouvert,
Ne dépliez pas vos feuillages,
C'est vous la fierté du jeune âge,
Car les étés vont vers l'hiver !…

## MÉLODIE MATINALE

L'aubépine avançait une aile de feuillage,
Mousseuse dans l'azur ; je contemplais le jour ;
On entendait au loin respirer les villages ;
La nature croissait, hésitante d'amour ;
Avec précaution sa verdoyante grâce
Semblait timidement s'emparer de l'espace.
Dans ce calme accompli, sans crainte et sans souhait,
Une paix enfantine et muette régnait,
Et l'univers semblait englué de paresse,
Lorsque excessif et brusque un faible oiseau chanta !
Mon plaisir qui rêvait aussitôt éclata.
— Ô beauté de la voix, ô flèche d'allégresse !
Ni le ciel allongeant ses laiteuses caresses
Dans le furtif labeur des heureuses forêts.
Ni les parfums jetant leurs jubilants secrets
Qui palpitent avec des invisibles ailes,
Ni le bonheur léger du vent frais et mouillé
N'avaient fait tressaillir mon songe émerveillé !
Mais ce cri délicat, cette acide étincelle,
Ce verbe jaillissant, ce doux chant ébahi
Épandait jusqu'aux cieux une âme universelle…

— Et je songe à la voix, aux choses que tu dis,

À l'enivrant péché du désir qui s'exprime ;
Sans doute la parole était au paradis
Le fruit mystérieux, plein d'espoir et d'abîme,
Qui fit le couple humain à jamais triste et fier.
— Je songe, ce matin, dans la tiède atmosphère,
À la Musique avec ses cris dans le désert,
Aux sanglots, aux baisers, à tout ce qui libère
Le grand gémissement du rêve dans la chair…

## POÉSIE DES SOIRS

Le soir, saison quotidienne,
Recouvre de son clair argent
L'azur, et reste là, songeant,
Jusqu'à ce que la nuit survienne.
— Le soir a le calme des lacs ;
La molle brise est un hamac
Où, satisfaite, se balance
La tranquille odeur du silence.
— Soudain, cris d'adieux, cris d'amour.
D'oiseaux qui virent et chancellent :
Tragique essaim ! Que quittent-elles
À la rêveuse fin du jour
Ces sanglotantes hirondelles ?
Et voici la nuit peu à peu ;
Les blancs pétunias sirupeux
Agglutinent le clair de lune.
Les brises viennent une à une
Et déversent leurs légers flots
Dans ma fenêtre sombre et vague :
Ainsi, aux abords d'un vaisseau,
L'épaule froide ot bleue des vagues
Se hausse contre le hublot.
Mais bientôt plus rien ne s'agite.
Tout est rentré dans le repos
Et semble avoir rejoint son gîte.
Je regarde l'immensité…
— Turbulence des cieux d'été,

Emportement des astres, course
Des mondes, tranquille aspect
De ces fortes, célestes sources,
Comme vous répandez la paix
Sur la terre où songent les hommes !
L'espace est naïf, économe,
Avec son clair argent qui luit
Fixement. Le divin problème
Est stable et doux.
 Que je vous aime,
Ô sombre jeunesse des nuits !

## LE CIEL GRIS, CE MATIN...

Le ciel gris, ce matin, dénoue
Son frais collier de gai cristal :
La pluie est un soleil qui joue
Avec des rayons de métal.

Le printemps, comme une arche, flotte
Sur les eaux nombreuses, et l'air
Dans ses bonds allègres cahote
Un parfum incisif et vert.

Les branchages, à chaque ondée,
Entendent respirer plus fort
Et se tendre le frais ressort
Des pousses fermes et bondées.

À travers ces préparatifs
De feuilles, de graines, de baumes,
Les oiseaux glissent, légers, vifs,
Rapides comme des arômes.

— Gais oiseaux annonciateurs,
Dont le cri bourgeonne et verdoie,
Vous savez, sous l'eau qui vous noie,
Que le sol est gonflé d'ardeur !

Vous baignez, étonnés, timides,
Et pleins de pépiements joyeux,
Dans les rais de la harpe humide
Qu'est le mol éther pluvieux !

Vous hissez vers vos courtes ailes,
Vers vos cols dépliés d'amour,
Les chétives plantes nouvelles
Qui font l'ascension du jour.

Menue, adroite et vigilante,
La pluie est une âme au jardin ;
Sa danse éparpillée argenté
L'atmosphère couleur d'étain.

Pleurs de joie, amoureux baptême,
Tintillement preste et joyeux !
La nue, active et fraîche, sème
Un blé transparent et frileux.

Et puis ce beau jet soudain cesse :
Tout est paisible, frais, câlin ;
Partout des gouttes d'eau se pressent
Comme un fin muguet cristallin.

L'atmosphère est mouvementée :
De courtes brises, dans l'éther,
Clapotent, mollement heurtées
Contre le cap des rameaux verts.
Les vents légers s'enflent, s'abaissent ;
Que de grâces, de politesses !
J'accueille, dans mon cœur ouvert,
Ces salutations de l'air…

## CHARME D'UN SOIR DE MAI…

Charme d'un soir de Mai, que voulez-vous me dire ?

Comme un corps plein d'amour vous venez contre moi ;
Pourtant à peine suis-je une âme, je respire
Humblement, comme l'herbe et les oiseaux des bois.

Pourquoi m'invitez-vous ? Je me tais, je sommeille,
Je goûte un frais repos, malgré l'immense odeur
Du printemps installé, qui répand à l'oreille,
À l'œil, à l'odorat ses multiples ardeurs.

Forces de la nature, acceptez que je chôme !
Laissez que mon esprit jouisse d'être seul
Avec ses feux voilés, pareils à des fantômes,
Mais retenez un peu, ô nuit, ô lourd tilleul,
Le mol ouragan des aromes !

## AZUR

L'azur, compact et dur, abonde
Et s'accumule avec furie :
Il semble bâti sur le monde,
— Ô sublime maçonnerie ! —
Sous cette accablante chaleur
Tout l'univers ploie et suffoque
Comme un cœur sous un autre cœur.
L'azur est brillant de lueurs
Qui s'aiguisent et s'entrechoquent.
Le subit arome des fleurs
S'élançant avec hardiesse.
Donne, autant que font les caresses,
L'ample surprise du bonheur.
Soudain, dans l'éther qui me noie,
Un parfum plus puissant surgit :
Il pénètre en moi et s'éploie,
Et mon cœur s'enfle et s'élargit
Pour le passage de la joie !...

## VENT D'ÉTÉ

Le vent large et léger, moissonneur des aromes,
Les répand dans le pur désert des soirs d'été ;
Les forêts et les lacs sont dans l'air transportés,
Il semble que le ciel et les astres embaument.
Et dans ce soir où rien n'est plus amer ni lourd,
Sous ce dôme étoilé qui rêve calmement,
J'ai comme un angélique et doux pressentiment
De bonheur sans amour !

## LES NUITS D'ÉTÉ

La poudre bleue des ciels du soir,
Un balcon que des fleurs étreignent,
Cette paix de l'ombre, où se plaignent
Tous les désirs, tous les espoirs,

Cette odeur de calme et de vide
Que préside, dans un ciel pur,
La lune éternelle et candide,
Clair visage usé, mince et dur,

Cette âcre évidence de l'âme
Que ressent, dans les nuits d'été,
Le corps qui soupire et se pâme
Et se meurt de liquidité,

Les cieux que le silence attise,
Tout ce qui stagne, ce qui luit,
Ce moi état nerveux des nuits,
Cette latente et tendre crise,

Le vivace espace, habité
Depuis les premiers jours du monde
Par des siècles de nuits d'été
Que le même désir inonde,

Ô Nature, cet univers,
Ce réel et cet impossible,

Tout ce qui semble inaccessible.
S'échange par les cœurs ouverts !

Tout ce poids sublime, ô Nature,
Que l'on soutient les yeux levés,
Il est scellé, il est rivé
Au corps triste des créatures !

— Ainsi blessent les cieux d'été… —

Se peut-il que parfois les êtres,
Humbles plantes de volupté
Que l'éternel désir fit naître
Pour la suave avidité
Et pour l'unique récompense
De l'amoureuse charité,
Aient ignoré vos complaisances,
Ô sombre Amour incontesté !

## L'AUTOMNE

Le fol, prodigue Automne, aux mains larges ouvertes,
Qui donne et répand tout, et s'arrache de soi,
Mène son ouragan dans un azur inerte ;
Les secs ruisseaux de l'air sifflent, et déconcertent
La méditation des bois.

Rapide, ventilé, il s'élance, il s'écroule.
Il répond au Destin, soufflant, s'évertuant.
Le feuillage emporté navigue, tangue, roule ;
L'air, comme un océan,
Entraine en bondissant, sur ses venteuses houles,
Ce bouquet au néant !

Tel un bloc glacial de cristal et de jade,
La torpide atmosphère, au sérieux aspect.
Contient paisiblement cette immense escapade.
L'univers tremble aux mains d'invisibles Ménades :

Tant de fougue dans tant de paix !

Offrant à l'ouragan une grâce opposée,
Demi-nue, échappant à son feuillage clair,
La cime d'un bel arbre apparaît dans l'éther,
Lucide et reposée.
Un humide brouillard qui songe, gonfle l'air
De latente rosée.

Dans la forêt cinglant pour un fatal départ.
Les biches aux doux pieds, d'un confiant regard
Consultent, le front bas, la terre resserrée,
Et l'on voit onduler, sous la brise moirée,
Leur robe tachetée, ailée et aérée
De faisan et de léopard !

La nature bondit, mais le ciel se résigne.
L'horizon incline au sommeil,
L'étang, compact de froid, semble enclore les cygnes,
Précurseurs de l'hiver, à la neige pareils.

Tout se tait, et pourtant c'est un muet murmure :
Bourdonnement gelé du silence et de l'eau.
Le noir croassement des obliques corbeaux
Fait, dans l'éther uni, une sèche cassure.

Mais, plus que le printemps, plus encor que l'été,
Cette franche saison, pétulante et benoîte,
Avec ses bonds joyeux et ses mollesses d'ouate,
Et ses traînantes voluptés,
Donne aux pauvres humains la timide espérance
Que la nature penche un instant sur leurs vœux
Son grand battement d'aile, expansif et nerveux,
Où l'âme reconnait sa fougueuse indigence.

— Et pourtant, ô brillant et nombreux Univers,
Tous les morts sont couchés au funèbre revers
De ta belle cuirasse !

Tout ce que je respire est perfide et pervers :
Tes paysages d'or, peints de pourpre et de vert,
Ont jailli de ces sombres masses !
Je ne te tolérais qu'avant d'avoir compris,
Ô Terre ! astre terni parmi les autres astres,
L'injure sans pitié que tu fais à l'esprit.
Lieu de déception et d'infinis désastres !
Enfant, je m'irritais d'appartenir à toi.
Je trouvais ton ciel vide et ton contour étroit.
Et je n'aurais jamais consenti la blessure
De nouer à ton cœur les maillons de mes jours,
Si tu n'avais alors, ô tenace Nature !
Fière de posséder cet éternel recours,
Fait surgir à mes yeux, comme un soleil auguste
P^r qui tout est certain, attirant, simple et juste,
L'explosion suave et vaste de l'amour !…

## AUTOMNE, TON SOLEIL…

Automne, ton soleil, comme une tiède main.
S'est encor ce matin posé sur mon visage,
Une claire gaieté émanait des chemins
Où les ruisseaux glissaient comme un liquide herbage

Il semblait que l'été, rétrécissant son cœur.
Eût laissé dans l'azur ce cercle étroit et tendre
D'un soleil plus lointain, dont la pâle chaleur
S'isolait dans l'éther sans vouloir en descendre.

— Mais ce ciel délicat, paisible, cristallin,
Ne pouvait pas tromper, triste Automne économe,
Cet amoureux besoin qu'a la race des hommes
De louer ce qui naît, et non ce qui s'éteint !

Le doux parfum des bois dissous dans le silence,
Les jardins, leur dernier œillet, mince et fringant,
L'abeille frappant l'air d'un vol moins arrogant,
M'emplissaient d'une amère et sûre défiance.

— Et pourtant, que m'importe, enfin, ce sol plus nu !
Voudrais-je maintenir l'expansion suprême ?
Ayant tout désiré, ayant tout obtenu.
L'excès dans la douleur et dans le plaisir même,

Ne dois-je pas aimer cette saison qui meurt,
Qui ferme lentement ses ailes fatiguées,
Et qui, sentant faiblir l'éclat et les rumeurs,
Se confie au néant, soumise et subjuguée ?

## PLUIE PRINTANIÈRE

Eau tendre où le printemps abonde,
Pluie industrieuse et féconde,
Dont le clair et piquant tapage
Est en marche dans le feuillage.
Fine habitante des nuages,
Toi qui transmets le ciel au monde,
Viens danser dans mes mains ouvertes,
Abaisse tes pieds diligents,
— Ô ma sauterelle d'argent —
Sur ma joue à tes jeux offerte ;
La nue auguste se dévide
En minces écheveaux liquides.
— Ondée heureuse qui me touches,
Tu peux donc laisser sur ma bouche
La saveur des hautains espaces.
Tout ce que mon regard embrasse
Quand il parcourt la vaste nue
Est dans ta douce bienvenue.
— Ô perleuse et tremblante échelle
Où mon regard va s'élevant
Aussi rapide que le vent,
Je me tiens sur ta passerelle !
Apaise par ton eau légère,
Qui pourtant s'abat en torrent,
La grande soif d'un cœur souffrant

En qui tout émoi s'exagère !
Viens noyer sous ton eau hardie
Mon déraisonnable incendie ;
Éteins ce cœur si brave, et qui
Languit sur ses lauriers conquis ;
Endors ce frémissant espoir
Qui s'irrite et ne peut surseoir,
Et que je sois, humide amie,
Sous ta ruisselante accalmie,
Comme une Naïade endormie…

## MATIN DE MAI

Un lilas, tout fleuri, semble épais, rocailleux,
Comme un récif en corail bleu.

Le cri désordonné d'un oiseau déchiquette
La pulpe du ciel qui halette.

L'ombrage des sapins sur le chemin étend
La verte fraîcheur des étangs ;

Leurs délicats bourgeons, aigus comme des flèches,
Sont jaunes comme des flammèches.

Une abeille, volant dans un carré de ciel.
Tisse un morceau de toile en miel.

Les duveteux parfums que la chaleur exploite
S'élargissent, rêveurs et moites.

L'odeur d'un lierre ombreux, par la brise surpris,
S'envole comme une perdrix.

Toute la matinée, exultante, odorante,
À la gaîté de l'eau courante.

Vent bleu, jardin, soleil, cri d'oiseau délirant.

J'absorbe tout en respirant !

## ÉVEIL D'UNE JOURNÉE…

Éveil d'une journée heureuse !
L'atmosphère semble mousseuse
De chaleur, d'éclat, de langueur.
La force brusque de mon cœur
Bondit au ciel comme une balle ;
Comme de secrètes cymbales
L'argent des prés, l'argent des cieux,
Se rapprochent en chocs joyeux
Qui scintillent comme des lances !
Dans la verdure, le silence,
— Halètement calme et dispos
Sur qui passent de fines limes, —
Est incrusté de bruits infimes :
Cris légers, bonds légers d'oiseaux,
Rouet aérien des guêpes,
Frais chevrotement d'un ruisseau
Que la menthe rose intercepte.
— Ô jeune splendeur de l'été
Sûr de soi-même, indestructible,
Si saturé de volupté
Que votre orgueil semble insensible,
Je souffre lorsque vous riez
De toute votre verte force,
Avec les pommiers, les poiriers,
Les rameaux fuselés ou torses ;
Je souffre lorsque je comprends
Que votre éblouissant torrent,
Céleste, écumeux, qui se pâme,
Ne pourra réjouir mon âme
Que pendant quelque temps encor !
— Saviez-vous quel puissant accord.
Mêlé d'ineffable torture,
M'apparente avec la nature,
Par tous les rêves de ce corps

Plus que vous gonflé de verdure,
De plaisir défaillant et fort,
De soleil, d'espoir, de folie ?
— L'injuste ferveur qui me lie
À l'univers aveugle et sourd
Est mon triste et blâmable amour.
solitude nostalgique !
Que peut ce végétal cantique
Qui m'emplit et me méconnaît
Et me fait chanceler ? Je n'ai
De repos, d'oubli, de délices,
Que près de vous, tendre complice,
Indolent et fougueux ami !
— Que vos bras étendus soient mis
Devant l'espace qui m'oppresse.
Guerroyant plaisir des caresses,
Tumulte des regards humains,
Fureur des lèvres et des mains,
Dérobez à mon cœur qui souffre
Le limpide et bleuâtre gouffre,
Puisque l'amour seul peut ôter
La tristesse de la beauté !

## L'ORAGE

L'hirondelle en criant vole bas et halette,
Les carpes ont coulé leurs ombres violettes
Dans l'étang attristé où leur jeu se bloqua.
L'espace est somptueux et pourtant délicat,
La nue est remuée, et calme la prairie ;
L'orage étend au loin son roucoulant fracas
Empli de passion houleuse, endolorie,
Qui se perd dans les monts altiers, et leur transmet
Cette sombre, puissante et grave rêverie,
Comme un baiser donné par l'espace aux sommets…

## MATIN FRÉMISSANT

Les pétales du vent, balayeur de rosée.
Flottent en clapotant sur le naïf jardin.
Ah ! que je sois aussi la plante reposée
Que réjouit le rire onduleux du matin !

L'oiseau, fleur sans lien dont le pétale est aile,
S'élance avec un cri provocant et hardi,
Et revient, tout baigné de luisant paradis,
Répandre sur les bois de célestes nouvelles.

Des ruisseaux de soleil sont dans l'herbe épanchés,
Leur aveuglant éclat se déplace et vacille,
Et ces blancs diamants dont la lueur fourmille
Sont sveltes et tremblants comme un jet d'eau couché.

— Ô beauté du matin, ô naissance des choses,
Fibre, pulpe, liqueur du citron vert encor !
Délicat univers qui toujours recompose
Son antique, son neuf, son éternel essor !

C'est à cette bonté précise et continue
Que je confie un cœur à qui tout fut amer,
Recueillez-moi, vapeurs et rayons de la nue,
Secondez-moi, murmure inlassable des mers !...

## MIDI

Voici le cri du coq, brouillard chantant qui jette
Sur le jour ébloui un halo de bonheur.
Je le connais aussi, oiseau fou de conquête.
Ce rauque acharnement à s'arracher le cœur !

Comme la mer montante, en sa grande espérance,
Tente de submerger l'univers dédaigneux,
Ta trépidante voix et mes rêveuses transes
Déchaîneront en vain leur appétit des cieux !
Nous ne pouvons nous taire ! Hélas, il nous affame
Ce ciel tout argenté d'épineuse chaleur !

— Midi, fruit brasillant qu'on absorbe par l'âme,
Ô châtaigne d'azur qui lacérez le cœur !

## LE CIEL MÊLÉ DU SOIR…

Le ciel mêlé du soir a les tendres couleurs
Multiples des mielleux et fins pois de senteur
Qui sont bleus, roses, blancs et mauves mollement ;
C'est un ample bouquet que ce clair firmament,
Où les oiseaux criant se hâtent et se sauvent
Comme pour regagner de célestes alcôves.
— Splendeur des soirs d'été, que vous brisez le cœur
Par votre calme ardent, vos clartés, vos moiteurs,
Vos conseils de plaisir, vos suspectes promesses,
Qui coulent en eau d'or du soleil qui s'abaisse !
— C'est le soir, cet instant romantique du temps.
Où tout espère et rêve, où le désir attend,
Car l'âme des humains ne sachant pas que faire
De la molle beauté qui pare l'atmosphère,
Croit, en pressant sur soi un autre triste cœur,
Savourer à la fois et tarir le bonheur…

## BUÉE

Allègre humidité de la terre qui germe !
On croirait, tant le bois, noir encor, semble gai,
Que le sol crépitant devine qu'il renferme
La multitude heureuse et vive des muguets.

Un turbulent oiseau, dont la voix étincelle,
S'exténue en cris vifs, acharnés, diligents,
Comme s'il lui fallait, pour que le jour ruisselle,
Dans l'espace alourdi percer des trous d'argent…

## POUR OUBLIER LA MORNE HOULE…

Pour oublier la morne houle
Humaine, affairée et frivole,

Écoutons respirer la foule
Des belles choses sans paroles.

Calme du soir, fraîche candeur !
— Que j'aime ces abords des bois
Où gît, invisible et sans poids,
La masse immense des odeurs…

## LA NOBLE NUIT EST…

La noble nuit, est sans langueur,
Toute pure, calme, frétée
Pour naviguer sans bruit ni heurt
Sur la nette et froide senteur
Qui comble la nue argentée.
Ah ! cette cristalline odeur,
Méditative et solennelle,
Dans cette vide immensité
Où mon esprit déploie une aile,
Cette froide odeur, d'où vient-elle,
Cette odeur de la nuit d'été ?
— Rien que le vent et les étoiles.
Ce sont deux puretés égales.
Et sur cet océan d'acier
Composé d'ombre et de silence,
Mon rêve lentement s'avance
Comme un vaisseau dans des glaciers…

## ÉCLOSION

Amère odeur des primevères,
Arôme inquiet, ingénu,
Posé sur le sol triste et nu
Du pauvre printemps qui s'avère,
Je sais votre effluve inconnu.
Votre odeur de froid et de terre.
Ce parfum timide, frileux,
Puisé dans l'abîme argileux

Où tout commence, où tout s'achève…
— Et voici qu'un subit oiseau
Jette une note étrange et brève.
L'espace est encor baigné d'eau.
Le ciel est gris. Pourtant le rêve
Que rapporte chaque printemps
Vient de naître en ce simple instant
Où la faible fleur, qui décide.
Avec son arôme ténu.
Que le bonheur est revenu,
A, dans le soir humide, acide,
Perçu le cri neuf, entêté,
D'un humble oiseau ressuscité…

## PLUIE TIÈDE

L'été contre mon cœur s'appuie
Et je défaille de désir,
De désir ou de nostalgie ;
On ne sait comment définir
Cette heureuse et triste magie.
— La languissante et chaude pluie
Est comme un amoureux chagrin ;
Ce n'est pas ce gai tambourin
Du printemps qui gicle et ruisselle,
Ce dur ressort de sauterelle
Frappant le sol ; ce jet aigu
De légers astres exigus,
Ce sont les larmes de l'espace,
Du mol espace que harasse,
À la fin des jours chauds d'été,
L'insoutenable volupté…

## L'AUBE POINT FAIBLEMENT…

L'aube point faiblement, tous les coqs ont chanté ;
Le bourgeon bleu du jour éclôt de tous côtés,
La nature a sa grâce intime et reposée.

Un vent léger transporte un parfum vif, amer.
Le jour, tout ruisselant d'éclat et de rosée,
Est frais comme un poisson qu'on arrache à la mer !
Le monde a revêtu la faible teinte verte
Qui semble un vol léger butinant la forêt,
À chaque instant on voit ce verdoyant secret
Enfler et chuchoter sur le branchage inerte ;
Et le montant soleil a posé sur mon cou
Sa belle main forte et cuisante,
On entend dans les bois, — comme un cœur dont les coups
Ont une langueur hésitante, —
Le charmant hoquet du coucou.
Sur le bord frissonnant des eaux et du rivage,
Les canards, égayés, suscitent en nageant
Le rire éparpillé des petits flots d'argent,
Où tremblent, verts îlots, leur pétillant plumage.

— Le plaisir, le bonheur, le franc contentement.
Divinités des airs, des lieux et des moments.
Sont partout répandus. Le feu du soleil noie
Les gazons veloutés de joie !
Et le chant de l'oiseau, vague, immatériel.
Qui dans les noirs rameaux s'ouvre comme un calice,
Communique à l'espace un débordant délice.
Et parfume l'azur comme un astre le ciel !

## JOUR D'ÉTÉ

Je lève les yeux vers la nue :
L'azur bouillonne de chaleur,
L'étendue est immense et nue
Dans sa longue et dure couleur.
Ma vie, errante chasseresse,
Pour qui tout chemin est étroit,
Court dans l'azur, s'y meut, s'y presse,
Jubilante et chaste à la fois,
Comme Diane dans les bois !

## QUAND LE SOLEIL…

Quand le soleil descend dans un azur limpide
Et rapproche de nous son lumineux réseau,
On entend se lever sur le soir clair et vide
Le brouillard du chant des oiseaux.

Toutes ces voix ruées sur l'heure du silence
Démêlent, semble-t-il, un écheveau soyeux.
Un cri tire, un cri perce, un autre cri s'élance
Et raye le satin des cieux.

Et l'azur peu à peu se gonfle de lumière
Comme une fleur explose avant que de finir.
Crépuscule ! seconde aurore, plus austère,
Plus pesante de souvenirs.

Que j'aime ta douceur méditative et sage,
Qui porte la fatigue et la somme du jour,
Vaisseau aérien dont le lent abordage,
Indulgent à la vie, indulgent à l'amour.
Verse sa cargaison de fruits meurtris et lourds…

## CALME SOIR

Six heures du soir en été,
Paix, silence, immobilité.
Des écharpes de soleil dorment
Dans l'herbe épaisse, sous les ormes.
Le temps est dans l'ombre arrêté :
C'est un moment d'éternité.
Un magnolier que le soir creuse
Donne son odeur somptueuse.
Les jardins ont, tout engourdis,
La fixité du paradis.
— Ô calmes cieux, tièdes pelouses.
Mon fiévreux esprit vous jalouse ;
Repliement de l'air et des prés,

Laissez-moi ne rien désirer ;
Que je sois, comme vous, unie.
Longue, stable, sage, aplanie,
Captive sous le frais réseau
Du vert parfum des bois, des eaux.
— Oui, rien ne bouge, rien ne change
Dans ce soir tiède, mol, étrange.
On croirait que tout est dissous.
Qu'il n'est plus de temps, plus de nombre,
Qu'il ne fera plus jamais sombre.
Si, détournant son œil si doux,
Le mouvant soleil, tout à coup,
N'avait mis ce rosier dans l'ombre…

## ACCUEIL AU SOLEIL

Puisque chaque matin tu viens chez moi, cher hôte,
Que nous pouvons rêver et vivre côte à côte,
Qu'autour de toi je peux jeter mes bras ouverts,
Je ne me plaindrai plus du blessant univers.

Ô soleil débordant, dieu clair, dieu véritable,
Assieds-toi sur ma chaise, approche de ma table
Où mon désir t'attend, où ton couvert est mis ;
Je n'ai pas d'autre espoir et pas d'autres amis.

Voici des fruits posés sur une assiette blanche ;
Ils sont à toi, prends-les ; que ta grâce se penche
Sur la prune au suc vert, sur le rose brugnon :
Bois-les, mords-les, ils sont ta part, cher compagnon.

Tu dis : « Délos sur l'onde est une rose bleue,
Les dauphins écailleux dont scintille la queue
Sont des vases d'argent roulés aux flots amers,
Et moi je suis la nef flamboyante des mers.

Je ris au fond des deux, je luis, je coule, coule,
Je suis seul et je suis l'héroïsme et la foule,

L'Iliade c'est moi, Troie enflammé c'est moi,
Et je suis l'éternel anneau des douze mois !

Je suis, je suis ; le reste est vapeur, est fantôme,
Est ombre et yanité sous mon illustre dôme ;
Je n'ai pas de voisin, je n'ai pas de pareil.
Je suis le fort, le doux et l'unique soleil.

Je brille, je m'entends briller, je m'émerveille.
Je suis le miel divin des célestes abeilles.
Je n'ai pas de témoin, aucun humain n'osant
Pénétrer mon regard qui brûlerait son sang. »

Et le soleil me dit : « Humble sœur, tu t'affliges
De répandre sans but ton rêve et tes vertiges ;
Lève les yeux, vois-moi, je suis si beau, si pur,
Pour le vide infini, pour le désert d'azur… »

## CANICULE

Le blanc soleil du plein été.
De sa bouche au souffle argenté
Poursuit sur la torride allée
Des feuilles de rosiers brûlées.

L'air papillotant de chaleur
Semble arracher des étincelles
Aux lourds feuillages que harcèle
L'immense clarté sans couleur.

Les voix des oiseaux se sont tues,
L'espace semble agoniser ;
Mais voici qu'elle vient danser,
— Brusque sorcière inattendue, —
La pluie alerte, ample, pointue,
Sur tous les chemins harassés ;
Puis elle se meurt ; l'étendue
Disperse dans la paix du soir

Cette calme odeur d'arrosoirs…

## LE SILENCE JOYEUX…

Le silence joyeux d'automne,
Où le froid net rit de plaisir,
Contient un pétillant désir
À la fois vif et monotone.
Le cri d'un canard se cantonne
Au bas d'un buisson déchiré
Par le vent clair. Les bois, les prés,
Qu'un gel mince et brillant peinture.
Semblent jouir et s'enivrer
De cette étreinte de froidure.
Le ciel pur est du bleu sacré
Des printemps d'Hellade ! Ô Nature,
Qu'il est beau ton désir mouvant !
Les silences, le froid, le vent,
Tout ce qui séduit ou harcèle,
Vient servir la vie éternelle

De l'univers gonflé d'ardeur !
— Nature sans repos ni peur,
Qu'il est beau le désir panique
De la forêt chantant, tanguant,
Forte comme un voilier fringant
Qui fend les flots de l'Atlantique !
Rien ne meurt, tout va s'élancer
Bientôt, à nouveau, de la terre
Où les germes sont entassés
Comme une dormante panthère.
— Car, quel que soit l'épuisement
De l'automne, et ses longues pauses,
Le printemps, en qui tout repose,
Se prépare éternellement !

## III. POÈMES DE L'ESPRIT

> Où est ma demeure ? C'est elle que je demande, que je cherche, que j'ai cherchée, elle que je n'ai pas trouvée. Ô éternel partout, ô éternel nulle part, ô éternel en vain !
>
> NIETSCHE.

### DANS L'ADOLESCENCE

Je me souviens d'un jour de ma seizième année,
Où, malade et pensant mourir,
Je sentais s'installer sur mon âme étonnée
Le destin qui fait obéir.

Du fond de ma douleur physique et terrassante,
Qu'un médicament apaisait,
J'entendais soupirer ma mère pâlissante,
Qui pleurait et qui se taisait.

Je regardais les cieux par la fenêtre ouverte ;
Le cèdre bleu, d'un si haut jet.
Reposait sur le soir ses branchages inertes
Qui semblaient prier. Je songeais.

Des oiseaux aux longs cris allaient rafler dans l'ombre
Les derniers parfums engourdis,
Deux étoiles naissaient, humectant l'azur sombre,
Je me disais : « Le Paradis

C'est de suivre l'oiseau et de joindre l'étoile
Et d'appartenir à l'éther. »
Et mes forces cédaient comme on défait un voile,
Je me mélangeais avec l'air.

J'entendis un râteau faire au bord des pelouses,
Parmi les graviers murmurants.
Son bruit lisse et perlé. Je n'étais pas jalouse
De la vie, en mon cœur mourant !

J'étais astre, feuillage, aile, parfum, nuage,
Doux chant du monde ralenti,
Mon âme recouvrait son tendre parentage
En touchant les cieux arrondis.

— Puissé-je ainsi mourir, sans crainte et sans supplice,
Le soir calme d'un jour d'été,
Et retrouver, au bruit d'un jardin qu'on ratisse,
Cette païenne sainteté !…

## UNE GRECQUE AUX YEUX ALLONGÉS…

Une Grecque aux yeux allongés
Soupire aux Eaux-Douces d'Asie.
C'est de cette aïeule que j'ai
Reçu les pleurs de poésie !

Une autre, reine au front distant,
Brodait ou jouait de la harpe
Sous un cyprès ; et sur l'étang
Elle jetait des fleurs aux carpes ;

Elle dotait d'icones d'or
Ses innombrables monastères :
J'ai puisé dans ce tendre corps
L'animation solitaire.

Plus loin, dans un passé plus vieux,
Je vois, sur un vaisseau qu'on frète,
Une vierge qui dit adieu
Des deux mains aux rives de Crète !

Elle part et quitte à jamais,
Farouche et plaintive Ménade,
Son île, un cousin qui l'aimait
Est secrétaire d'ambassade.

L'ambassade est sous un ciel froid,
Dès midi il faut des bougies.
C'est cette pleureuse, je crois,
Qui m'a transmis la nostalgie.

Mais les enfants de ses enfants,
Tout saturés de sel nordique.
Ont aime la brume, le vent,
Les nuages, l'eau, la musique ;

Ils ont aimé l'aigre printemps
Gallois, et les jardins d'Écosse.
C'est par eux que mon cœur se tend
Vers le suc des premières cosses.

Ils ont aussi, dans leurs amours,
Couché sous les ciels de Bohême,
Au son des flûtes d'alentour.
Leur souffle m'envahit quand j'aime.

Enfin, ils se sont reposés,
Avant le temps de ma naissance,
Sur le sol le mieux composé
Du monde : c'est l'Île-de-France !

Je ne goûtais, étant enfant,
Que ces lieux, et les paysages
De la Savoie ; je fus longtemps
Sans avoir l'amour du voyage ;

Et puis, voyageant, j'ai soudain
Connu le délire indicible :
La ville étrangère, un jardin
Dont le parfum nous prend pour cible ;

On est brûlant, on tend les bras
Pour joindre la Chine ou la Perse ;
On meurt d'un si grand embarras,

Toute notre âme se disperse !

Les rêveries de nos aïeux,
Leurs souvenirs, leurs promenades
Nous hèlent. On est sous les cieux
D'éternels et penchants nomades !

— Ce sang nombreux, que j'ai reçu
De vous, poétiques grand'mères,
Et dont je souffre, avez-vous su,
Du moins, qu'il n'est pas éphémère ?

Pressentiez-vous qu'un jour ma voix,
Assemblant vos rires, vos plaintes,
Ferait de vos doux désarrois
Une flamme jamais éteinte ?

Aviez-vous prévu mon accueil ?
Je ne sais, mais vous seriez aises,
Belles ombres, dans vos cercueils,
De voir que la gloire française
Ajoute son sublime orgueil
À cette langoureuse braise
Que m'a léguée votre bel œil...

## CONTEMPLATION

Je regarde la nuit, l'air est silencieux,
Nul bruit ne se perçoit, et cependant les cieux
Précipitent sans fin leurs univers sonores,
Ô grande nuit de Pythagore !
Immensité mouvante et qui pourtant consent
À sembler familière au rêve du passant ;
Tu veux bien, sombre nuit, bleuâtre, échevelée
Par les feux épandus de ta force étoilée,
Ne paraître au regard anxieux des humains
Qu'un jardin violet où brillent des jasmins.
— Ô turbulente nuit, qu'importe que je meure,

C’est toi la spacieuse et fidèle demeure,
Tout ce qui se dissout est vers toi remonté,
Tu reprends les désirs, les bonheurs, les désastres,
Tu mêles les humains aux poussières des astres,
Par des siècles d’amour tes cieux sont habités,
De ton dôme infini nul souffle ne s’évade.
L’avenir cache en toi sa voix qui persuade.
— Tumultueux espace où rien n’est arrêté,
Tu n’es pas mon néant, mais mon éternité !

## LA GRÈCE, MA TERRE MATERNELLE

*À Monsieur Venisélos.*

Ayant longtemps bâti ses hautes Pyramides
Et comblé de senteurs ses sarcophages d’or,
L’énigmatique Égypte, aux yeux peints, au corps vide,
S’enfonce dans son sable, et dort.

Enclose sous l’onguent des fermes bandelettes,
Funéraire bourgeon qui retourne au néant,
Sa sagesse ironique et déçue inquiète
L’ombre de ses tombeaux géants !

Qui voudrait réveiller cette grande endormie,
Étroite, les deux bras contre le corps liés ?
Tu n’aimais pas la vie, ô songeuse ! ô momie !
Et ton ivresse est d’oublier !

Sous un ciel enflammé de lumière onctueuse,
Tes chameaux au beau col, cygnes tristes et fiers,
Semblent fuir le destin, et sous leurs pieds se creuse
Le rire onduleux du désert.

L’énorme Sphinx camus, mage accablé d’études,
Rit aussi, possédant le secret sans pareil :
Il rit de ce sourire enivré qui prélude
Au calme sans bords du sommeil…

— Dors, grande Égypte lasse, amoureuse des tombes !
Ton épervier divin, même en ses jeunes jours,
Pliait nonchalamment une aile. Vous, colombes
De Kypris, vous chantez toujours !

Ô Grèce, c'est vers toi que courent mes paroles.
Terre de la pensée et du souffle éternel !
Vierge aux libres genoux, nymphe des Acropoles,
Bloc d'azur, de marbre et de sel !

Toi qui ne peux pas plus vieillir que ne vieillissent
Les vapeurs du matin des printemps successifs,
Les gouttelettes d'eau de la rame d'Ulysse,
Les jeux des agneaux sous les ifs !

Enfance du bonheur, prime élan de la grâce,
Commencement du Vrai, achèvement du Beau,
Calme maturité qui ne sembles pas lasse
Quand tu descends dans le tombeau,

Tu sus vaincre le temps, même tes léthargies
Enivraient les humains qui venaient t'épier,
Ils t'appelaient Raison, Démos, Cora, Hygie,
Et courbaient leur front sur tes pieds.

Prêtresse solennelle ou danseuse rusée.
Tu te mouvais au gré d'un songe musical.
— Ô peuple de la vie, ô peuple des musées,
Écoute mon chant filial !

Tu le vois, un épais et suffocant nuage,
Plus lourd que les soldats de Xerxès, est venu
Comme un vol de hérons sur toi, et ton visage
Est voilé par ces inconnus ;

Du Nord, où la mer froide au sapin lourd de brume
Conte un lied enfantin dont riraient tes bergers,

Il est venu, lancé par le canon qui fume,
Le souffle de ces étrangers !

Furtifs, glacés, pareils à des troupeaux de rennes,
Écartant le branchage et se glissant vers toi,
Ces rudes écoliers t'approchent et t'apprennent,
Toi que l'on respire et qu'on croit !

Hélas, ils ont touché ta ceinture pudique,
Grande vierge debout qui songes fixement,
Et un peu de ta main qui pend sur ta tunique
Est prise dans leurs doigts gourmands !

Se peut-il qu'on t'offense ou bien qu'on t'intimide,
Sainte légèreté qui semblait sans liens,
Comme une île des cieux, toujours un peu humide
Du souffle des flots Ioniens !

L'Histoire ne parlait de toi qu'avec délire,
Il ne suffisait pas d'être juste et courtois,
Le plus beau des Anglais, le grand porteur de lyre,
S'amusait à mourir pour toi !

Tu semblais bleu de lin et jaune comme l'ambre,
Chacun favorisait ton sublime renom,
Un voyageur niait avoir vu en décembre
La neige sur le Parthénon !

Lorsque le promeneur, dans la cité romaine,
Respirait dans le vent ton odorant appel,
11 songeait à Jacob, à qui Lia s'enchaine,
Et qui languissait pour Rachel !

Les siècles s'en venaient en long pèlerinage
Vers tes golfes d'argent et tes rochers vermeils,
L'étoile qui guidait vers Jésus les Rois mages,
Pour toi devenait un soleil.

Le grand battement d'aile aigu des cathédrales
Moins que ton temple étroit semblait l'hôte des cieux.
Et le monde attentif écoutait tes cigales
Chanter sur tes coteaux pierreux !

Les Francs se souvenaient d'avoir, à tes fontaines,
Bu l'onde où le pied d'or de Pallas se mêlait,
Et goûté ton miel brun, au temps où l'on parlait
Français dans le duché d'Athènes !

Le vieux Gœthe, ombragé par les soirs de Weimar,
Dans son grave logis orné d'antiques plâtres,
Laissant l'éternité envahir son regard
Rêvait à ta blancheur bleuâtre !

Ton profil, net ainsi qu'un mur entre deux champs,
Ton haut casque arrondi, ta face calme et lisse,
Ta lance au jet d'argent proclamaient la justice,
La fierté, les lois et le chant.

Ta tunique aux beaux plis descendait sur tes hanches
Comme va l'eau du fleuve et le lait s'épandant,
Comme va la logique austère, qui ne penche
Que du côté de l'évident !

Et maintenant tes bras sont entravés de chaînes,
L'éther divin frémit d'un blâme aérien,
Et dans l'ombre on entend la voix de Démosthène
Murmurer « Ô Athéniens… »

Mais soudain ton regard qui calculait les astres
A posé sa clarté sur les sanglants chemins,
Et libre, bondissant, te mêlant aux désastres,
Ô mère antique des humains,

Tu reconnus ceux-là qui t'avaient bien servie,
Ô fille de tes fils ! Et leur donnant secours
Tu mêlas ta fureur, ta sagesse et ta vie

Aux combats enragés d'amour !

— Dans mon natal séjour, Paris, que rien ne passe,
Mon cœur qui lui doit tout fut préparé par toi,
Et je me sens unie à jamais, dans l'espace.
Au sang des bataillons crétois…

1917.

## NUIT D'ÉTÉ, OBSCURE…

Nuit d'été, obscure et sans bruit,
Prodigue de fraîcheur limpide !
L'infini Destin se dévide
Lentement. Une étoile luit.

La nuit, le silence, une étoile,
Un plaintif humain soucieux
Qui, levant un store de toile,
Contemple la longueur des cieux

Et gémit d'être, dans l'espace,
Malgré les forces de l'esprit,
Une ombre chétive qui passe,
Dont nul astre n'entend le cri,

Voilà l'indicible problème
Que pose au ciel, comme une fleur,
Cette pure étoile que j'aime.

Et c'est l'angoisse dont je meurs…

## TU N'AS PU CROIRE À RIEN…

Tu n'as pu croire à rien, mais tu fus inquiet,
C'est là l'honneur humain et le regret des ailes,
Ton âme, façonnée aux choses éternelles,
N'a pu sans désespoir accepter ce qui est.
Pourquoi t'obstines-tu ? Qui veux-tu qui réponde ?

Laisse tomber tes bras, garde tes yeux ouverts,
On ne doit pas saisir, mais aimer l'univers.
Si fort que ton regard puisse tendre sa fronde
Tu n'atteindras jamais que le muet désert
Des cieux distraits et fiers dont la clarté t'inonde.
N'interroge plus rien. Déjà voici la mort
Qui fait cesser soudain, sous ses paumes profondes
Habiles à briser tous les vivants ressorts,
Le monstrueux combat de l'esprit et des mondes…

## PENSÉE DANS LA NUIT

L'averse communique à l'air un goût marin,
Le vent frémit ainsi qu'une immense flottille,
La lune entr'ouvre aux cieux un aileron d'airain,
Une étoile endormie à peine brille et cille ;
Et je respire avec une ample volupté
Cette verte, élastique et fraîche crudité
Du feuillage content, qui, comme un hymne, élance
La pure odeur de l'eau dans le puissant silence !

Tout repose, l'air est mouillé comme une fleur,
Chaque point de l'éther tranquillement s'égoutte,
Un vent plus vif répand sa subite candeur ;
Je suis là, faible humain, je contemple, j'écoute.
Le vent noir vient à moi, et dans mon souffle heureux
S'élance avec l'odeur des torrents et des cieux.
Et mon cœur se dilate, et l'infini pénètre
La tristesse attentive et sage de mon être.
Je songe aux morts, je goûte avec austérité
La vie, et ce puissant, régulier délire
Qui, depuis l'humble sol jusqu'aux astres sacrés,
Étend l'acte divin et fier de respirer ;
Et les morts sont sans souffle, et dans leur sombre empire
Jamais plus ne descend ce grand ciel aéré
Qui m'accoste et m'imprègne.
Ô monde, je respire !

## JE CROYAIS ÊTRE…

Je croyais être calme et triste,
Simplement, sans demander mieux
Que ce noble état sérieux
D'un cœur lassé. Le soir insiste :
Avec les glissements du vent,
Et la froide odeur des herbages,
Et cette paix des paysages
Sur qui le désir est rêvant,
Il défait mon repos sans joie,
Ce repos qui protégeait bien,
Il exige, hélas ! que je voie
Ces rusés jeux aériens
Où tout s'enveloppe et se pille,
Du sol tiède aux clartés des cieux…
— Pourquoi, soir mol et spongieux
D'où coule un parfum de vanille,
Blessez-vous, dans mon cœur serré
Qui soudain s'entr'ouvre et vacille,
Cette éternelle jeune fille
Qui ne peut cesser d'espérer ?

## LES ESPACES INFINIS

Le silence éternel de ces espaces infinis m'effraie.
PASCAL.

Je reviens d'un séjour effrayant ; n'y va pas !
Que jamais ta pensée, anxieuse, intrépide,
N'aille scruter le bleu du ciel, distrait et vide,
Et presser l'infini d'un douloureux compas !

Ne tends jamais l'oreille aux musiques des sphères,
N'arrête pas tes yeux sur ces coursiers brûlants :
Rien n'est pour les humains dans la haute atmosphère,
Crois-en mon noir vertige et mon corps pantelant.

Le poumon perd le souffle et l'esprit l'espérance,
C'est un remous d'azur, de siècles, de néant ;
Tout insulte à la paix rêveuse de l'enfance,
En l'abîme d'en haut tout est indifférent !

Et puisqu'il ne faut pas, âme, je t'en conjure,
Aborder cet espace, indolent, vague et dur,
Ce monstre somnolent dilué dans l'azur,
Aime ton humble terre et ta verte nature :

L'humble terre riante, avec l'eau, l'air, le feu,
Avec le doux aspect des maisons et des routes,
Avec l'humaine voix qu'une autre voix écoute,
Et les yeux vigilants qui s'étreignent entre eux.

Aime le neuf printemps, quand la terre poreuse
Fait sourdre un fin cristal, liquide et mesuré ;
Aime le blanc troupeau automnal sur les prés,
Son odeur fourmillante, humide et chaleureuse.

Honore les clartés, les senteurs, les rumeurs ;
Rêve ; sois romanesque envers ce qui existe ;
Aime, au jardin du soir, la brise faible et triste,
Qui poétiquement fait se rider le cœur.

Aime la vive pluie, enveloppante et preste,
Son frais pétillement stellaire et murmurant ;
Aime, pour son céleste et jubilant torrent,
Le vent, tout moucheté d'aventures agrestes !

L'espace est éternel, mais l'être est conscient,
Il médite le temps, que les mondes ignorent ;
C'est par ce haut esprit, stoïque et défiant,
Qu'un seul regard humain est plus fier que l'aurore !

Oui, je le sens, nul être au cœur contemplatif
N'échappe au grand attrait des énigmes du monde,

Mais seule la douleur transmissible est féconde,
Que pourrait t'enseigner l'éther sourd et passif ?

En vain j'ai soutenu, tremblante jusqu'aux moelles,
Le combat de l'esprit avec l'universel,
J'ai toujours vu sur moi, étranger et cruel,
Le gel impondérable et hautain des étoiles !

Entends-moi, je reviens d'en haut, je te le dis,
Dans l'azur somptueux toute âme est solitaire,
Mais la chaleur humaine est un sûr paradis ;
Il n'est rien que les sens de l'homme et que la terre !

Feins de ne pas savoir, pauvre esprit sans recours,
Qu'un joug pèse sur toi du front altier des cimes,
Ramène à ta mesure un monde qui t'opprime,
Et réduis l'infini au culte de l'amour.

— Puisque rien de l'espace, hélas ! ne te concerne,
Puisque tout se refuse à l'anxieux appel,
Laisse la vaste mer bercer l'algue et le sel,
Et l'étoile entr'ouvrir sa brillante citerne,

Abaisse tes regards, interdis à tes yeux
Le coupable désir de chercher, de connaitre,
Puisqu'il te faut mourir comme il t'a fallu naître,
Résigne-toi, pauvre âme, et guéris-toi des cieux…

## DEUX ÊTRES LUTTENT…

Deux êtres luttent dans mon cœur,
C'est la bacchante avec la nonne,
L'une est simplement toute bonne,
L'autre, ivre de vie et de pleurs.

La sage nonne est calme, et presque
Heureuse par ingénuité.
Nul n'a mieux respiré l'été ;

Mais la bacchante est romanesque,

Romanesque, avide, les yeux
Emplis d'un sanguinaire orage.
Son clair ouragan se propage
Comme un désir contagieux !

La nonne est robuste, et dépense
Son âme d'un air vif et gai.
La païenne, au corps fatigué,
Joint la faiblesse à la puissance.

Cette Ménade des forêts,
Pleine de regrets et d'envies,
A failli mourir de la vie,
Mais elle recommencerait !

La nonne souffre et rit quand même :
C'est une Grecque au cœur soumis.
La dyonisienne gémit
Comme un violon de Bohême !

Pourtant, chaque soir, dans mon cœur,
Cette sage et cette furie
Se rapprochent comme deux sœurs
Qui foulent la même prairie.

Toutes deux lèvent vers les deux
Leur noble regard qui contemple.
L'étonnement silencieux
De leurs deux âmes fuse ensemble ;

Leurs fronts graves sont réunis ;
La même angoisse les visite :
Toutes les deux ont, sans limite,
La tristesse de l'infini !...

## LE PRINTEMPS ÉTERNEL

Un vent hardi, tout neuf, qu'on ne vit pas hier,
Est né du dernier froid de l'hiver qui décline,
Le soir plus clair s'attarde un peu sur la colline,
Il semble qu'on accorde activement dans l'air

Un orchestre secret qui s'essaye et qui vibre ;
On ne sait pas où sont tous ces musiciens
Qui soudain, sous le ciel plus étendu, plus libre,
Excitent le réveil des printemps anciens.

Le branchage est partout pointu, prêt à se fendre,
On sent l'effort naissant des bourgeons secs encor.
Il semble qu'on entende un vague son de cor,
Mais amolli, rêveur, qu'on peut à peine entendre.

Quel est donc ce complot qui se prépare, et doit
Triompher promptement, tant l'allégresse est sûre,
Et quel est ce dieu vif, affairé, dont les doigts
Font dans la sombre écorce une tiède cassure ?

Sur le bord d'un chemin un chevreuil fait le guet :
Son visage de grand papillon brun surveille
La préparation du printemps. Ses oreilles
Ont l'ample enroulement des feuilles du muguet.

Quelle est cette subite, invisible présence
Par quoi tout l'univers est de bonheur atteint,
Qui fait gonfler le sol, qui promet l'espérance,
Par qui le ciel rêveur est enfin moins lointain ?

Oui, ce ciel délicat, qui songe et semble grave,
Tant il doit commander un ordre universel,
Semble dire à chacun : « Je m'approche, sois brave,
« Écoute mon auguste et dangereux appel.

« Oui je descends sur toi, sur les bêtes, les plantes,
« J'exige ton accueil, je m'empare de vous,
« Ô monde ! Le chaos, comme une eau molle et lente

« Se retirait devant mes bondissants genoux !

« Je suis le dieu qui vaque aux choses éternelles,
« Le Printemps inlassable, et chaque fois plus doux,
« Car jamais le plaisir humain ne se rappelle
« Mon fringant tambourin et mes chantants remous ;

« Je suis ce qu'on ne peut évoquer, tant ma grâce
« Est faite d'un secret que je porte avec moi.
« Je suis ce qui étonne, et l'inquiet espace
« S'emplit en frémissant du parfum de mes mois !

« Je suis, par mon habile et perfide mélange
« De mystique langueur et de désir formel,
« Le moment où la terre et les êtres échangent
« Le plaisir d'être fort, l'espoir d'être éternel !

« Lorsque tout t'apparaît décrépitude et cendre
« Je suis celui qui dit : « Non, tu ne mourras point,
« Ce que le temps abat ma main vient le reprendre,
« Si loin que va la Mort je vais toujours plus loin !

« Non, vous ne mourrez pas, âme et corps pleins de sève !
« C'est moi le fossoyeur, moi l'ami des charniers,
« Moi le terreux Printemps, qui baise et qui soulève
« Les os les plus obscurs et les plus dédaignés !

« Je répands tous les morts dans mon immense geste
« Qui couvre tout à coup l'univers de plaisir !
« Les glauques océans, les rafales agrestes
« Balancent la durée éparse du désir… »

Voilà ce que proclame, en ce soir clair et tiède,
Le doux vent qui contient l'Éros aux pieds divins.
— Qu'il soit béni, le dieu ancestral et sans fin
Qui nous suit pas à pas et revient à notre aide,
Car, si ce n'est la mort, est-il d'autre remède,
Ô race des humains ! à vos maux incessants,

Que ce fougueux oubli que verse dans le sang
L'incontestable Amour, à qui toute âme cède ?...

## ESPÉRANCE

Soir moite et printanier qui fait que l'on espère...
— Espérer ! Vœu d'un vague et secret changement,
Immensité du cœur, qui pathétiquement
S'allonge comme un fleuve imprudent et prospère.

Espérer ! N'est-ce pas le plus intime accord
Avec la Destinée active et sensuelle ?
— Ô grand emportement du cri des hirondelles
Vous étirez en moi vos déchirants transports ! —
Espérance, êtes-vous la nomade éternelle,
Et ce demi-désir rêveur d'être infidèle
À celui que l'on aime encor ?...

## CONSOLATION

Réjouis-toi d'avoir tant souffert, car enfin
Toute fureur ayant son déclin, la détresse
Connaît aussi la lente et paisible paresse
Qui trouve son repos, et n'a ni soif ni faim.

Il n'est pas que la joie et l'espoir qui faiblissent,
La fringante douleur pâlit aussi. Comment
Ne pas goûter du moins, après tant de supplices,
L'absence de l'atroce et neuf étonnement ?

Car le pauvre être humain, instruit par la souffrance,
À l'espoir comme au deuil oppose un calme esprit,
L'infortune et la mort n'ont plus rien qui l'offense,
Et c'est vaincre le sort que n'être pas surpris...

## PLUS JE VIS, Ô MON DIEU...

Plus je vis, ô mon Dieu, moins je peux exprimer

La force de mon cœur, l'infinité d'aimer,
Ce languissant ou bien ce bondissant orage ;
Je suis comme l'étable où entrent les rois Mages
Tenant entre leurs mains leurs cadeaux parfumés.
— Je suis cette humble porte ouverte sur le monde,
La nuit, l'air, les parfums et l'étoile m'inondent…

## SE PEUT-IL, UNIVERS…

Se peut-il, univers sans mémoire et sans voix,
Qui tires ton éclat de la ferveur humaine,
Qu'il te faille abolir ta triste énergumène,
Et que, te contenant, je me défasse en toi ?

— Jamais aucun mortel n'aura ces yeux qui tremblent
De plaisir et d'ardeur devant les feux du jour.
Privilège divin d'un formidable amour,
Je ne puis te léguer un cœur qui me ressemble !

## INTERROGATION

Ô monde, mon regard où l'âme se condense,
Attache sur vos cieux, azurés ou nocturnes,
Cette immense prière ailée et taciturne
À qui vous ne rendez jamais que le silence.

Qu'importe ! Ai-je besoin, pour goûter l'avenir,
Que le sublime chant des astres argentés
Me livre le secret des vastes vérités ?
Je sais que tout sera, que rien ne peut finir.

Et je sens que l'espace avec mansuétude
Accueille mon regard que l'étendue obsède.
Ô monde, dont jamais mon cœur n'a l'habitude,
C'est par l'étonnement que l'homme vous possède !

## LE SOMMEIL

Je ne puis sans souffrir voir un humain visage
Clore les yeux, dormir, et respirer si bas :
Un mystère m'étreint, j'ai peur, je ne sais pas
Pourquoi soudain cet être est devenu si sage,
Sans défense, lointain, hors de tous les débats…

— Ne ferme pas les yeux ! Se peut-il que je voie,
Ô mon unique enfant, ton clair et jeune corps
Tout plein de vive humeur, de bourrasque, de joie,
De colère, de feu, de raison et de torts,
Emprunter tout à coup, dans la paix qui te noie,
L'humble faiblesse, hélas ! et la bonté des morts !

## MINUIT

Minuit, heure où l'on dort, recevez mes louanges,
Tour d'ébène, miroir d'argent, rose des nuits,
Par qui l'âme vivante à la mort se mélange,
Vous qui bannissez l'heure et recouvrez l'ennui !

Tout le jour je m'effraie, ou m'irrite, ou m'étonne,
Le sort pour me combattre a d'infinis secrets,
Mais votre voix, alors, à mon côté chantonne :
« Sois sage, songe à moi, je viendrai, je serai,

« Je serai près de toi dans quelques couples d'heures,
a Ma force a des moyens contre ce qui te nuit ;
« Ténébreux carnaval j'emplirai ta demeure,
« Je suis le pitoyable et le tendre Minuit.

« Noir comme le Nubien qui servait Cléopâtre,
« Je serai ton esclave, et sur tes yeux scellés,
« Tandis qu'un peu de feu crépite encor dans l'âtre,
« J'épierai ton esprit inerte et consolé.

« Même les sûrs amants qui t'ont donné leur âme
« Et dont le chaud élan sur ton cœur s'imprimait,
« Ont été moins que moi l'ami que tu réclames,

« N'ont pas tant contenté ton cœur qui les aimait ;

« Plus que la passion ou que la paix rêveuse,
« Je donne le bonheur, moi le plus vieux des dieux,
« Mon autel sans éclat, toujours silencieux,
« Est sombre, ou bien fleuri d'une pâle veilleuse !

« Mais dans ce circonspect et profond paradis
« J'étreins entièrement le corps qui s'abandonne,
« Et la sévère enfant que ma main étourdit
» Garde la chasteté des morts et des madones.

« Parfois la volupté, comme un climat, s'étend
« Sur ton esprit charmé qui sent qu'on le protège,
« Et tu te réjouis dans tes beaux draps de neige
« D'être imprécise et pure avec un cœur content.

« Aussi je ne suis pas jaloux de tes journées,
« Que m'importe celui qui t'enlace et t'étreint !
« C'est moi qui nouerai seul à l'entour de tes reins
« Ma caresse fidèle et toujours ordonnée,
« À cette heure funèbre, et que toute âme craint,
« Où le corps immobile et froid comme l'airain
« À l'éternel Minuit livre sa destinée… »

## CERTES, VOUS FÎTES BIEN…

Certes, vous fîtes bien, implacable Nature,
D'envoyer à ce corps qui ne cédait jamais,
L'essence délicate et rare des tortures,
Afin que l'univers exultant que j'aimais
D'un monstrueux amour, idolâtre et servile,
N'eût plus sur mon esprit son effrayant pouvoir,
— Plus oppressant que n'est la mer autour d'une île —
Et que je sois, à l'heure où commence mon soir,
Comme ces pèlerins étonnés et tranquilles,
Qui ne s'arrêtent pas en traversant les villes,
Et semblent, dans leur vague et décisif ennui,

Fuir le destin fidèle et secret qui leur nuit…

## APPEL

Vous qu'étant morte j'aimerai,
Jeunes gens des saisons futures,
Lorsque mêlée à la nature
Je serai son vivant secret,
J'ai mérité d'être choisie,
— Perpétuité des humains ! —
Par votre tendre fantaisie,
Car lorsque sur tous les chemins
Je défaillais de frénésie,
Je tremblais d'amour et de fièvre,
J'ai soulevé entre mes mains
Une amphore de Poésie
Et je l'ai portée à vos lèvres !

## LASSITUDE

Ce n'est pas aisément que l'on meurt. Ce souhait
D'avoir enfin fini d'espérer et d'agir
Témoigne d'un malheur persistant et parfait,
Qui, las et déchaîné, ne peut plus s'assagir.

Pourquoi me retiens-tu ? J'ai besoin de mourir…

## TOUT NOBLE CŒUR…

Tout noble cœur souhaite et veut être constant,
Mais vous, bohémienne, ô folle Destinée,
Jouant d'un violon discordant et strident,
Vous traînez sur le temps vos dansantes nuées.

Quel que soit le pas ferme et droit de la Raison,
Le Sort vient sur sa route, et la gêne, et divague ;

Jamais un jour pareil dans la même saison,

Toujours le renflement ou le creux de la vague !

Et le désir humain, cherchant la fixité,
Et ne trouvant sa paix qu'aux choses éternelles,
N'aime enfin plus que vous, immenses jours d'été,
Qui nous donnez, avec votre clarté fidèle,

Et vos airs de bonté et de tranquillité,
Ce trésor d'infini, que l'âme sensuelle
N'a connu qu'en jetant des sanglots irrités,
Dans l'austère, incisive et brûlante querelle
Que s'infligent deux cœurs pendant la volupté…

## LE VOYAGE

Quand les jours sont pareils sur un même horizon,
Et que le paysage étend sa même fresque,
Je songe à vous, voyage ! adieux à la maison,
Espoir de nouveaux ciels, de cinquième saison,
Projets dansants ainsi qu'une longue arabesque…
— Ah ! que vous me plaisiez, suave déraison,
Chapeaux de Walter Scott, plumage romanesque,
Les livres de Musset pris au dernier moment,
Les manteaux à carreaux, l'odeur de la valise.
L'ombrelle et l'éventail, et l'emmitouflement,
Comme si le climat qui transit ou qui grise
Commençait dans les trains ! Puis ce pressentiment
Vague, présomptueux, clandestin, créateur,
De trouver un loyal et rassurant bonheur
Au rendez-vous donné par la ville étrangère…

— Lorsque tu t'en allais pour quitter ton ennui,
Chère âme, à cette époque heureuse et mensongère
De la jeunesse, à qui nulle douleur ne nuit
Tant l'espoir est entier ! Quand tu partais, si grave
Que l'on plaignait ton sort, que tu te croyais brave,
Ah ! tu n'ignorais pas, en ton instinct puissant.
Que la joie est toujours conseillère du sang

Pour la fortuite et sûre et perpétuelle ivresse !
Comme un pollen porté par le vent, ta détresse
Flottait sur tant d'espace ouvert et traversé !
Les cris des trains, pareils à des bras dispersés,
Ressemblaient à ton cœur ; tes rêveuses prunelles
Contemplaient l'horizon, flagellé et chassé
Par le vent, qui, cherchant ton visage oppressé,
Faisait bondir sur toi ses fluides gazelles !
— Et puis on arrivait. Fiers regards imprudents
Vers le puissant hasard, qui en tous lieux attend
La douleur qui se plaint, se démasque et se nomme :
Douleur, nom du désir et du rêve des hommes !
Commencement d'un neuf et consolant exploit.
Ô chemins inconnus ! ô fontaines de Rome !
Fleuve du ciel gisant dans les canaux des toits.
Visages révélés, destin qui se propose…
Mais j'accepte à présent de plus austères lois ;
Je crains trop le plaisir auquel un cœur s'expose,
Partir, c'est espérer, c'est exiger, je n'ose
Souhaiter que ma vie ait cette force encor
De toujours provoquer le désir et la mort,
Et d'inviter sans fin la Nature infidèle
À vaincre un cœur plus fier et plus vivace qu'elle !…

## RENONCIATION

J'ai cessé de t'aimer, Vie excessive et triste,
Mais tu t'agrippes à mon corps,
Mon être furieux veut mourir, et j'existe !
Et ta force me crie : « Encor ! »

Je me hausse en souffrant jusqu'au néant céleste,
Mais tes pieds d'aigle sont sur moi ;
Et plus je te combats, Destin sournois et leste,
Plus notre embrassement s'accroît.

— Quel plaisir désormais, ou quelle accoutumance
Mêlerait nos yeux ennemis ?

Je ne peux pas vouloir que toujours recommence
Une chance éclose à demi.
J'ai tout aimé, tout vu, tout su ; la turbulence
M'aurait fait marcher sur les flots,
Tant le suprême excès a le calme et l'aisance
Des larges voiles des vaisseaux !

Le plaisir, — c'est-à-dire amour, force, prière, —
Eut en moi son prêtre ébloui ;
Je ne puis accepter de tâche familière,
J'étais vouée à l'inouï !

Je ne peux pas vouloir que toujours se prolonge
Un chemin qui va décroissant ;
Le réel m'offensait, la tempête et le songe
Secouraient mon âme et mon sang.

Certes, j'ai bien aimé la raison, haute et nette,
Elle fut mon rocher rêveur ;
Mais ayant soutenu ses volontés secrètes,
Je cède ma force à mon cœur.

— Beau ciel d'un jour d'automne, où vraiment rien n'espère,
Ni l'azur froid, ni l'air peureux.
Accueillez dans le deuil calme de l'atmosphère
Mon chagrin candide et fougueux !

Accueillez votre enfant qu'ici plus rien ne tente,
À qui ce drame prompt survint
D'avoir bu la douleur au point d'être contente
De quitter le soleil divin !

## LES POÈTES ROMANTIQUES

J'ai plus que tout aimé la terre des Hellènes,
Une terre sans ombre, un pin vert, un berger,
L'eau calme, une villa rêveuse à Mytilène,
Dans le halo d'odeurs fusant des orangers.

J'ai plus que tout béni le regard d'Antigone
Levé vers le soleil que sa prière atteint ;
Mon cœur, semblable au sien et rebelle à l'automne,
Eût souhaité mourir en louant le matin.

J'ai plus que tout chanté la fougueuse jeunesse
Qui bondit et s'éboule et renaît dans ses jeux,
Comme on voit, en juillet, les chevreaux en liesse
Mêler leurs corps naïfs et leurs yeux orageux.

Certes, rien ne me plaît que tes étés, ô monde !
Ces jours luisants et longs comme un sable d'argent,
Où les yeux éblouis, tendus comme une fronde,
Font jaillir jusqu'aux cieux un regard assiégeant.

Je n'ai rien tant vanté que vos vers, Théocrite !
Je les ai récités à vos temples meurtris,
Aux ombres qu'ont laissées vos cités favorites
Dans le blé blanc, couleur de jasmin et de riz.

Enfant, au bord du lac de saint François de Sales,
Où les coteaux semblaient s'envoler par leurs fleurs,
Tant un azur ailé soulevait les pétales,
J'ai repoussé un mol et langoureux bonheur.

Mon âme, ivre d'espoir, cinglait vers vos rivages,
Platon, Sophocle, Eschyle, honneur divin des Grecs,
Ô maîtres purs et clairs, grands esprits sans nuages,
Marbres vivants, debout dans l'azur calme et sec !

J'ai longtemps comprimé mon cœur mélancolique,
Mais les jours ont passé, j'ai vécu, j'ai souffert,
Et voici que, le front de cendres recouvert,
Je vous bénis, divins poètes romantiques !

Poètes furieux, abattus, révoltés,
Fiers interrogateurs de l'âme et des étoiles,

Voiliers dont l'ouragan vient lacérer la voile,
Vous qui pleurez d'amour dans un jardin d'été,

Vous en qui l'univers tout respirant s'engouffre
Avec les mille aspects des fougueux éléments ;
Vous, possesseurs du monde et malheureux amants,
Qui défaillez de joie et murmurez : « Je souffre ! »

De quoi ? De la forêt, du ciel bleu, des torrents,
Des cloches, doux ruchers d'abeilles argentines ?
Dans Aix, sur les coteaux pleins de ruisseaux errants,
De quoi souffriez-vous, mon tendre Lamartine ?

J'ai vu votre beau lac farouche, étroit, grondant,
Et la maison modeste où soupirait Elvire,
J'ai vu la chambre basse où pour vous se défirent
Ses cheveux sur son cou, ses lèvres sur ses dents.

De quoi souffriez-vous ? Je le sais, un malaise
Teinté de longs désirs, de regrets, d'infini,
Venait sur le balcon transir vos doigts unis,
Lorsque soufflait, le soir, le vent de Tarentaise.

De quoi souffriez-vous ? D'éphémère beauté,
D'un jour plein de langueur qui s'éloigne et qui sombre,
D'un triste chant d'oiseau, et de l'inanité
D'être un pauvre œil humain sous les astres sans nombre !

De quoi souffriez-vous ? De rêve sensuel
Qui veut tout conserver de ce dont il s'empare ;
Et, lorsque la Nature est à chacun avare,
De pouvoir tout aimer pour un temps éternel !

Hélas ! Je connais bien ces tendresses mortelles,
Cet appel au Destin, qui ne peut pas surseoir.
Je connais bien ce cri brisant de l'hirondelle,
Comme une flèche oblique ancrée au cœur du soir.

Je connais ces remous de parfums, de lumière,
Qui font du crépuscule un cap tiède et houleux
Où le cœur, faible esquif noyé par le flot bleu,
S'enfonce, en s'entr'ouvrant, dans l'ombre aventurière.

— Lamartine, Rousseau, Byron, Chateaubriand,
Écouteurs des forêts, des astres, des tempêtes,
Grands oiseaux encagés, et qui heurtiez vos têtes
Aux soleilleux barreaux du suave Orient,

Vous qui, évaluant à l'infini la somme
De ce que nul ne peut étreindre et concevoir,
Ressentiez cependant l'immensité d'être homme
Sous le dôme distrait et fascinant du soir,

Vous qui, toujours louant et maudissant la terre,
Lui prodiguiez sans cesse un amour superflu,
Et qui vous étonniez de rester solitaires
Comme un rocher des mers à l'heure du reflux,

Soyez bénis, porteurs d'infinis paysages,
Esprits pleins de saisons, d'espace et de soupirs,
Vous qui toujours déments et toujours les plus sages
Masquiez l'affreuse mort par d'éternels désirs !

Soyez bénis, grands cœurs où le mensonge abonde,
Successeurs enivrés et tristes du dieu Pan,
Vous dont l'âme fiévreuse et géante suspend
Un lierre frémissant sur les murs nus du monde !

## MÉDITATION

L'orage est en suspens, l'espace se recueille ;
Dans le jardin où brille une vapeur de four,
Les oiseaux ont un cri fané comme une feuille.
Partout gît mollement, fardeau subtil et lourd,
La chaleur insensée qui fait aimer l'amour.
J'ai recherché Ronsard dans la bibliothèque ;

Ma chambre, où les volets emprisonnent le jour
Et d'un tranchant léger et laiteux le dissèquent,
À l'obscure fraîcheur d'un tranquille vallon.
Un blanc magnolia, froid comme une pastèque,
Épanche son parfum de neige et de melon.
Et je vois tout cela avec des yeux si tendres
Qu'ils émettent un chant que l'on devrait entendre.
La pendule, incessante autant que l'univers,
Accompagne humblement, seconde par seconde,
Le tumulte secret et céleste des mondes.
Et j'écoute l'énigme obsédante de l'air
Et ce cri des oiseaux emplis d'inquiétude…
— Se pourrait-il, ô cieux, que j'eusse l'habitude
De vivre, de goûter le suave désert
Que forme le repos songeur après l'étude !
Ne sais-je pas qu'assis, ou debout et courant,
L'homme est toujours un même et régulier mourant !
Le Sort, qui le poursuit, ne le guette pas même,
Tant le pauvre vivant est désigné : s'il aime,
Quelque chose toujours lentement se défait
Dans son bonheur craintif, sa détresse ou sa paix ;
Il ne peut persister en son choix noble et tendre,
Il lui faut regretter comme il lui faut attendre,
Il ne connaît jamais les vœux du lendemain.
— Et pourtant, moi, le plus combattu des humains,
L'âme la plus souvent par l'orage étonnée,
Qui toujours vis les pleurs au plaisir se mêlant,
Je ne vous reprends pas ma confiance innée,
Querelleuse au beau front, secrète Destinée,
Favorable aux cœurs violents !

## RÊVERIE, LE SOIR

Un attelage est arrêté
Dans la rue, où le soir d'été,
Avec ses longs cris d'hirondelles,
Aiguise ses légers couteaux
Sur le cœur, la chair et les os

Qui souffrent de langueur mortelle…
— Le pied du cheval ennuyé,
Que la solitude nargua,
Fait un clapotement brouillé
Dans le vide et dans la tiédeur
De la rue, où traîne une odeur
De poussière et de seringa.
— L'azur est de chaleur voilé.
C'est un de ces soirs dont le calme
Oppresse l'esprit désolé,
Immobile comme une palme.
Et je ne sais quoi d'immolé
Fait qu'en nous plus rien ne résiste
À la faiblesse d'être triste ;
Ô langueur du cœur et des mains !

— Et je songe, parmi ce dolent examen,
À l'enfance joyeuse où tout est lendemain,
À cette certitude exacte et sans limite
D'être un hôte espéré, que tout l'espace invite,
Qui met, en respirant, le monde dans son cœur !
Je songe à la maison de campagne, amicale,
Dont les corridors sont des méandres d'odeurs.
Je songe à la gaîté d'une chambre en percale,
À cet éclatement de bonheur au réveil !
Aux rideaux contenant le poids d'or du soleil.
Je songe, en ce soir triste où j'ai l'âme épuisée,
Au jardin qui rejoint l'enfant par la croisée,
À cette immensité de soi-même, pourtant
Modeste, où l'on se sent le serviteur content
D'un Destin vague encor, mais radieux et sage,
Dont nos gestes fervents vont former le visage…

## NOVEMBRE

Automne, je suis née en ta froide saison,
Quand ta pluie mince et résignée
Dissout dans les vergers les poires épargnées

Et ouate d'ombre l'horizon ;
Je regarde en souffrant cette humide prison,
Est-ce le regret d'être née ?

Ta paix appesantie, en accueillant mes jours,
Fit de moi ton enfant ingrate,
Rien en mon cœur n'admet tes midis clairs et courts,
Ni tes feuilles aux tons de chamois et d'agate,
Je t'avais, en naissant, délaissé pour toujours !

— Je ne vous aime pas, saison mélancolique,
Froides routes où tinte, ainsi qu'un fin tocsin,
La châtaigne couleur d'acajou et d'oursin,
Ni vous, pleur de minuit, droite et triste colchique !
 – Rendez-moi le bonheur et l'espoir printaniers,
Le jour qui lentement s'allonge avec paresse,
Qui s'attarde le soir, qu'aucun appel ne presse,
Qui peut tout obtenir et peut tout dédaigner,
Pareil au jeune amour, à la calme jeunesse.
– Que m'importe la pourpre ardeur que vous feignez,
Automne ! et vos soleils, et vos tièdes caresses.
Puisque votre beauté n'est plus une promesse…

## TOI SEUL ES VRAI…

Toi seul es vrai, beau ciel qui songes et palpites,
Paisible et scintillant d'amour ;
Toi seul es pur, éther, où jamais ne s'agite
Le pas harmonieux des jours.

Mon esprit est lassé des humaines paroles,
Tout est faible, inique ou menteur,
Je souffre du tumulte où mon être s'isole.
Plein de justice et plein d'honneur.

Et pourtant le désir, la claire intelligence,
L'instinct suave et fraternel,
Ne désespèrent pas de votre vigilance,

Avenir, chemin éternel !

En cette nuit d'été, savante, ample, naïve,
Et qui calme un cœur inquiet,
Je songe à vous, Destin, à tout ce qui arrive
Et console de ce qui est !

J'entends vos chants d'accueil, vos vœux de bienvenue,
Lois des cieux constellés, sagesse de la nue,
Vous en qui plus rien ne me nuit !
Qu'importent les cœurs sourds et les âmes sans rêve,
L'inéluctable en vous se berce et se soulève,
Ô respiration des nuits !

Puissé-je, pour qu'enfin mon cœur de moi s'élance,
Confier le pouvoir de mon songe zélé
À l'affirmation de ce ciel étoilé,
Et transmuer ma voix en ce divin silence !...

## Il EST DES MORTS VIVANTS...

Il est des morts vivants, patients, qui survivent
À la morte jeunesse, honneur divin du corps,
Et leur âme, qui n'est ni sombre ni plaintive,
Contemple l'univers et s'y retient encor.

Ils marchent dans un pâle et modéré vertige,
Étrangers aux saisons, exemptés de leurs lois.
L'été, tout hors de lui et pressurant, n'exige
Plus rien de ces yeux secs et de ces cœurs étroits.

Car la Nature dit à l'homme rêvant d'elle :
« Je n'ai pas le besoin de ton mystique amour,
« Le plaisir contribue à ma vie éternelle,
« J'aimais ton turbulent et langoureux concours.

« Je t'accueillais parmi mes forces végétales
« Pour mieux te proposer l'angoisse et l'infini,

« Et pour que pénétrât dans tes brûlantes moelles
« L'odeur d'un univers qui ne peut t'être uni.

« Je te disais : Voici, qui jamais ne se donne,
« Mon provocant azur, scintillant de moiteur,
« Voici ma nuit avec ses grands soupirs d'odeur,
« Et mon ciel effrayant dont tout regard s'étonne !

« Voici mon vaste ciel, dont l'irritant éclat
« Arrache un cri d'ivresse aux cervelles humaines ;
« Voilà tout mon terrestre et céleste domaine,
« Chère âme, pille-le ! — Je te disais cela

« Afin que, ne pouvant t'emparer des étoiles,
« Ni tarir mes parfums humides et gisants,
« Tu sentisses l'ardeur triste et sentimentale
« Diriger tes soupirs vers un sein languissant.

« Je suis ce qui désire, et je suis ce qui tue.
« Mon cœur, plus que le flux et le reflux, actif,
» Ne peut s'intéresser qu'à ce qui perpétue.
« Je dédaigne en riant un front grave et pensif. »

Et la Nature dit : « Oubli, crainte, paresse,
« Qu'est-ce qui lie à moi les vieilles gens pâlis,
« Qui, ne souhaitant plus les fidèles caresses,
« Ignorent le tumulte éblouissant des lits ?

« Pour me complaire, on doit brûler, combattre, mordre,
« Rire, espérer, bondir, sangloter tour à tour,
« Et meurs, si tu ne peux fournir, selon mes ordres,
« Les grands élans qu'il faut pour la guerre et l'amour ! »

## JE VEUX BIEN RESPIRER…

Je veux bien respirer encor l'air frais et gai
En souvenir du temps où j'aimais la nature,
Mon esprit sans espoir et mon cœur fatigué

Opposent au plaisir leur sombre fermeture.
Ah ! comme longuement nous fûmes subjugués
Par le suave azur qui ravit et torture !
— Mon destin fut cruel, mais fut un beau destin,
Je tremblais de détresse et je tremblais de joie ;
Mes regards enivrés s'emparaient des matins
Comme un étau d'argent qui scintille et qui broie.
— Quel cœur ressemblera à ce cœur qui contint
L'orgueil d'être à la fois le vautour et la proie ? —
Tout l'univers me fut un plaisir suffocant,
Tous les maux que j'ai craints ont fondu sur ma vie,
Mais bien que chaque instant me soit un dur carcan,
Peut-être il resterait à mon cœur quelque envie
Si je n'avais pas eu tous les maux de la vie !…

## TENTATION

La couleur onctueuse et suave du soir,
Où le soleil couchant répand une eau dorée,
Enveloppe le cœur d'une joie mesurée
Où s'insinue un vague et désirant espoir.

Espoir de quoi, pauvre être ? Oui, un orchestre tendre
Semble jouer au fond de l'horizon vibrant,
Comme ces violons secrets et murmurants
Qui dans des loggias masquées se font entendre.

Et je rêve, et j'espère, et ne sais point pourquoi.
L'espace sans défaut est une perle immense ;
Chaque fois que le soir est rêveur, clair et coi,
Il semble qu'un bonheur quelque part recommence.
— Le temps ne peut-il donc enseigner le plaisir
(Le dur plaisir, hélas ! stoïque et monotone),
De contempler l'espoir sans penser le saisir ;
D'aimer que le malheur n'ait plus rien qui étonne ;
De renoncer à vous, ouragan des désirs !
Et de savoir quitter ce qui nous abandonne…

## PRIÈRE AU DESTIN

Écoutez, ô Destin, ma sincère demande,
Ma voix vous dit toujours la calme vérité :
Écartez de mon cœur les maux que j'appréhende,
Et dotez-moi des maux que je peux supporter.

Cédez à la raison sinon à la prière,
Un excessif fardeau n'est pas fait pour chacun ;
Répandez vos torrents sur mon âme guerrière,
Que vos présents soient opportuns !

Vous dont l'élan bondit comme le flot des gaves,
Dispensant le plaisir, les dangers et la mort,
Assaillez de votre ample et redoutable effort
Mon esprit orgueilleux et brave !

Mais exemptez du poids des trop tendres saisons,
Et du mortel venin des amours abolies
Qui dissolvent le corps et troublent la raison,
Mon cœur qui n'avait craint que la mélancolie !

## UNE FIÈRE HABITUDE…

Une fière habitude, et qui nous aide à vivre,
Nous permet, chaque fois que le sort nous fut dur,
D'espérer que le mal dont le cœur se délivre
Est le dernier enfin ! Nous aimons le futur.

Il semble au noble esprit, amoureux de justice,
Que le malheur est sage et nous veuille exercer,
Et que, maître indulgent, il dise : « C'est assez. »
Lorsque nous fûmes doux et purs à son service.

Notre candeur se fie aux cieux harmonieux
À cause de la paix consolante des astres !
Mais le désordre immense et l'incessant désastre
Frappent distraitement les humains anxieux.

Ainsi j'ai tout souffert des turbulents orages !
Hier fut accablant, mais demain sera pis ;
Je contemple en tremblant ce moment de répit…
— Destin, qu'attendez-vous encor de mon courage ?

Accordez-moi, du moins, puisque vraiment je fus
Le flambeau secoué par vos mains orageuses,
De n'aborder jamais la vieillesse neigeuse,
D'opposer à l'ennui un flamboyant refus !

Veuillez vous souvenir que vous me fites telle
Que les étés prenaient leur éclat sur mon cœur,
Que la nue et mes yeux confrontaient leur chaleur,
Et que c'est par la paix que l'on se sent mortelle !

— Puissé-je, sans effroi, sans regret, sans effort,
Descendre noblement de l'amour à la mort…

## OFFRANDE DU BATELIER

Déesse, j'ai construit, de mes adroites mains,
Des navires, avec les arbres des chemins ;
Les hêtres de Naxos, les cyprès de Tarente
Rendaient la nef légère et la rame odorante.

Mon travail, chaque jour, fut sincère et joyeux ;
Sur le sol de Sicile, où je possède une anse,
J'ai vu, tel un berger que son troupeau devance,
Mes barques aux bonds vifs paître un flot écumeux.

Je fus jeune, j'aimai ; Déesse, j'aime encore,
Quand la divine nuit vient intriguer l'esprit,
Je repose mon front, anxieux et surpris,
Dans le col d'une enfant plus tiède que l'aurore.

Je fus vaillant, mon sang hardi coulait sur moi
Dans les combats des mers. Un soir, humble et timide,

J'ai vu, dans Syracuse, Eschyle et Simonide,
Puis j'ai repris ma tâche à l'ombre de nos bois.

Aujourd'hui, j'ai senti, quand a brillé l'automne,
Qu'un cœur empli d'amour s'inquiète et s'étonne
De respirer l'azur, auquel il ne rend point
La force et le plaisir qui brûlaient dans mes poings
Lorsque ma vie était à son zéniht ! Aussi
Je vais bientôt mourir. Ce n'est pas le souci
Qui me conduit vers toi, Déesse. Je t'apporte
Le lierre obscur et dru qui surmontait ma porte
Où je vais repasser, tantôt, tranquille et fort.
— Je t'offre ce rameau, douce Aphroditè d'or,
Pour n'avoir pas été, même au soir de mon âge,
Sans désir ni courage !

## QUOI ! TU CRAINS DE MOURIR…

Quoi ! tu crains de mourir, tu souhaites rester,
Ayant été splendide et pareille à l'été,
Le témoin déclinant de ce qui recommence.
— Ô cœur toujours comblé et toujours dévasté,
Pourquoi perpétuer ta rêveuse démence ?

Va, ne t'attarde pas. Sache mourir. Comment
Pourrais-tu présenter, enfant lucide et sage,
À d'éternels printemps cet orgueilleux visage
Qui, lorsqu'il affrontait le soleil par moment,
Recevait de l'azur un tendre assentiment ?

L'on meurt, et c'est cela ton angoisse suprême.
L'on meurt ; tu le savais sans le croire, dis-tu ?
Tu n'avais pas compris, près des cadavres mêmes,
Que ce repos glacé, irascible, têtu.
Serait le tien aussi. Tu te répétais j'aime,
Universellement, à jamais, pour toujours,
Depuis les temps naissants jusqu'au terme des mondes ;
Et ton esprit, en qui tout l'univers abonde,

S'assurait de durer par ce prodigue amour !
— Pauvre être, le destin n'est pas digne des hommes ;
Ô vivant incendie il te faudra périr !
Mais déjà le futur te recueille et te nomme,
Et les cœurs turbulents sembleront économes
Auprès de ton ardeur léguée à l'avenir…

## SAGESSE

Ne sois jamais heureux, de peur qu'il t'en souvienne,
De tous les maux humains le bonheur est le pis :
Ce grand magicien, sur ton cœur assoupi,
Un jour retirera son âme de la tienne.

Crains-le, il a touché ta vie et ta raison,
Il est seul créateur dans un monde illusoire,
Le mirage des jours est son exhalaison.
Il te quitte : l'azur, l'allégresse, la gloire

Perdent leur véridique et palpable saveur,
Tout devient incertain, toute évidence cesse.
L'air est asphyxiant, la mer est sans fraîcheur,
Le soleil est lui-même une île de tristesse !
L'univers qui prenait sa force dans tes yeux
Luit comme une aube terne en des salles d'hospice ;
Une immense araignée arrondit jusqu'aux cieux
La toile ténébreuse et moite qu'elle tisse.

Pendant que tu languis et souffres, le passé
Revient sur le désert de ta vie et s'étale ;
Et le souvenir choît sur ton être oppressé
Comme un poids suffocant de suaves pétales.

Et tu gis là, ayant renoncé tout instinct ;
La faim, la soif n'avaient d'adroite vigilance
Que pour nourrir la joie et l'élan du matin :
De tout soin sans espoir une âme se dispense.

Tu ne peux pas savoir comment cela s'est fait
Ce brusque éloignement du bonheur ! Ton scandale
Est que l'esprit humain succombe sous ce faix,
Et ne puisse asservir sa détresse animale.

Rien ne consolera ton grand étonnement,
Sache-le ! La raison ne sert de rien pour vivre,
Tout ce qu'elle propose à l'âme trompe et ment.
Je ne peux rien promettre à ton grave tourment
Que la divine loi des recommencements :
Sois sage, afin qu'un jour tu redeviennes ivre !...

## FERME TES NOBLES YEUX...

Ferme tes nobles yeux avant que l'âge ait mis
Sur leurs feux verdoyants sa méprisable usure,
Fier être à qui tout fut dévolu ou promis,
Et qui pris en pitié les destins endormis,
Va-t'en d'un ferme cœur et d'une marche sûre.
Se pourrait-il qu'on vît, si tu vivais trop tard,
Au fond de ta prunelle orgueilleuse et sensible,
Ô toi, dont le bel œil prit le soleil pour cible,
La triste ingénuité qui luit dans le regard
Des vieilles gens doux et risibles ?

— Ô beaux yeux turbulents, possesseurs conscients
Du vertige sacré que le regard propage,
Vous dont l'un était ivre et dont l'autre était sage,
L'un tout impétueux, l'autre tout patient,
— Tant votre double antenne allait puiser sa flamme
Au cœur le plus doté de sens universel, —
Poudrez-vous que le temps, comme un nuage, entame
Votre astre éblouissant, songeur et sensuel ?
Évitez cet affront, doux honneur du visage !
Fermez-vous simplement, fortement, à jamais,
Rejoignez, beaux yeux verts, tous les défunts feuillages,
Vous qui ne pourriez pas, au divin mois de mai,
Opposer humblement un regard chargé d'âge !

## MON ESPRIT ANXIEUX…

Mon esprit anxieux, qui n'est jamais distrait,
Vous palpe, ombre où plus rien de l'être ne subsiste,
Éternité d'avant, éternité d'après,
Double vertige autour de la vie ! Et j'existe !
Et mes yeux exercés aux célestes secrets
S'enchâssent dans la nuit comme un astre. Est-il vrai
Que l'on meurt, ayant tout aimé ! Que je mourrai
Sans qu'un dieu fraternel à ce moment m'assiste ?
Ô ma vie, accident somptueux, vain et triste…

## TU DIS QUE TU CONSENS…

Tu dis que tu consens à mourir, comme si
La distraite nature attendait de ta bouche
Un aveu fait pour plaire à quelque amant transi
Qui verrait s'avancer sûrement vers sa couche
Le corps astucieux qui fut son long souci !

Pauvre esclave des lois formelles et secrètes,
Te crois-tu donc acquise à ton propre vouloir ?
Qu'importe au dur destin que tu te dises prête,
Ou que, te rétractant, tu souhaites surseoir !

Tu te crois préservée, étant le feu toi-même,
De l'énorme brasier où tout est calciné ;
Tu n'imagines pas qu'un jour, rigide et blême.
Ton corps, par le repos, puisse être dominé.
Oui, l'ivresse est divine, et tu te connais ivre
De désir, de raison, de force et de douleur ;

Tu l'as dit par ta voix, tu l'as dit dans tes livres ;
Mais cesse de gémir et de vanter ton cœur,
Nul juge ne sera touché de tant d'ardeur ;
Bacchante, il faudra bien que tu cesses de vivre !

## L'UNIVERS N'EST PAS…

L'univers n'est pas ton domaine ;
Malgré ton regard ébloui
Ni lui de toi ni toi de lui,
— Ô pauvre âme qui te surmènes
Afin d'égaler les étés, —
Vous ne pouvez vous contenter !
Cesse ton orgueilleuse audace,
Âme liée au faible corps !
L'éclatant azur te menace
D'ennui, de vieillesse et de mort.
— Mais si le doux destin amène
Un tendre amant à tes côtés,
Goûte bien la chaleur humaine,
Sa charitable parenté,
C'est là l'unique éternité
Que les pauvres êtres comprennent…

## QUE SUIS-JE DANS L'ESPACE ?…

Que suis-je dans l'espace ? Et pourtant je contiens,
Cependant que le temps me dédaigne et me broie,
L'infini des douleurs et l'infini des joies,
Et l'univers ne luit qu'autant qu'il m'appartient !

Imperceptible grain de la moisson des mondes,
Les flagellants destins me sont des oppresseurs,
Et pourtant, par mes yeux sans entraves, j'affronte
Les astres dédaigneux dont je me sens la sœur.
Nul ne peut contester cette altière concorde
À l'esprit que soulève une incessante ardeur,
Car c'est par le regard que l'être a sa hauteur,
Et l'âme a pour séjour les sommets qu'elle aborde !

## IL PLEUT. LE CIEL EST NOIR…

Il pleut. Le ciel est noir. J'entends
Des gouttes d'eau qui, sursautant,
Font un bruit de pattes et d'ailes

De maladroites sauterelles.
Le vent, gluant de nuit et d'eau,
Met sur mon front comme un bandeau
Trempé dans l'odeur de l'espace…
— Je suis bien ce soir avec vous,
Jardin apaisé tout à coup
Par la pluie qui tombe et se casse
Sur le feuillage et le gazon !
Les odeurs que l'onde libère
Semblent s'évader de prison
Et flotter, légères galères,
Sur tous les vents de l'horizon…
— Ô pluie aimable à la raison,
Tu viens pétiller goutte à goutte
Sur le cœur qui, comme les fleurs,
Te reçoit, t'absorbe et t'écoute.
Et je respire sans effroi
Un languide et terreux arome :
Odeur du sol, le dernier baume
Autour des corps muets et froids !
— Parfum large et lent que je hume,
Calmes effluves dilatés,
Confort divin des nuits d'été,
Se peut-il que je m'accoutume
À cette noire éternité
Où tout humain vient se défaire ?
— Ô monde que j'ai tant aimé,
Un jour mes yeux seront fermés,
Mon cœur chantant devra se taire,
Le souffle un jour me manquera,
En vain j'agiterai les bras !
Je songe, ardente et solitaire,
Au dernier objet sur la terre
Que mon regard rencontrera…

## ÉTONNEMENT

Ô monde, avoir vécu, avoir été des êtres

Par qui tout l'idéal céleste était conçu,
Avoir tout espéré, tout surmonté, tout su,
Et disparaître alors, sans retour disparaître !
Ne plus participer, d'un cœur sensible et fort,
Au noble, téméraire et dérisoire effort
D'extraire de la foule humaine un dieu sublime.
Je sens autour de moi, comme un noir corps à corps,
L'infini de l'abîme !

## MÉLODIE

Comme un couteau dans un fruit
Amène un glissant ravage,
La mélodie aux doux bruits
Fend le cœur et le partage
Et tendrement le détruit.
— Et la langueur irisée
Des arpèges, des accords,
Descend, tranchante et rusée,
Dans la faiblesse du corps
Et dans l'âme divisée…

## CHANT D'ESPAGNE

Gitan de la nomade horde,
Qui n'as nul pays pour le tien,
Tu penches ton front d'indien
Sur ta guitare aux rudes cordes.

Ta guitare est sur tes genoux
Comme une morte qu'on caresse,
Tu surveilles d'un œil de fou
Cette indifférente maîtresse.

La guitare pèse sur toi
De sa force inclinée et dure,
Tu ressembles à ces peintures
Qu'on voit dans les Chemins de Croix.

Assis sur une chaise basse,
Ton pied droit s'agrippant au sol,
Ton adresse excite et harasse
Un invisible rossignol.

Ta main brune empiète ou recule
Sur le bois reluisant et plat ;
La mélodie au sombre éclat
Semble tisser du crépuscule.

Dans cette atmosphère de soir,
Il semble que ta main crispée
Fasse combattre et s'émouvoir
Les fines lames des épées.

— Ce chant buté, giclant, têtu,
Cette rauque monotonie,
Pauvre rêveur, qu'en attends-tu,
Puisqu'elle n'est jamais finie ?

## PROMENEUSE

Tu marchais sous le ciel nocturne,
À l'heure où perlent les grillons,
Près d'un compagnon taciturne ;
Tu parlais à ce compagnon.

On sentait que son lourd silence
S'emparait amoureusement
De ta plaintive violence
Qui montait vers le firmament.

Disais-tu à l'homme qui t'aime
Tes regrets, tes vœux, ton ennui ?
— Âme solitaire quand même,
Tu te racontais à la nuit !

## À JEAN MORÉAS

En souvenir de la première lettre que j'ai reçue de lui.

I

À l'âge où l'innocence et la fierté permettent
Qu'on ignore le prix des mots les plus touchants,
Et qu'on soit sans piété devant les plus beaux chants
Vous m'aviez appelée « Abeille de l'Hymette » ;

Et je lisais ces mots, que votre encre d'azur
Traçait sur un papier couleur de jaune aurore,
Et, sans me retourner vers votre cœur sonore,
Je m'en allais, d'un pas plus dansant et plus sûr.

Ainsi l'adolescence étourdie et joyeuse
Ne distingue pas bien les fronts essentiels ;
Mais je parlais de vous d'une voix orgueilleuse,
Ayant un même sang et sous un même ciel.

Et puis, un jour, la Parque, en sa calme inconstance,
Détourna de mes yeux son clair regard qui rit,
Alors, ô fils des Grecs, ô pâtre de Paris,
Je me suis appuyée au marbre de vos stances.

En vain l'ample cité dont la nuit s'emparait
Voilait vos pas errants que l'ombre facilite,
Mon esprit poursuivait, ô mon sombre Hippolyte,
Votre stoïque ennui et ses amers secrets,

À présent, je vous dois la songeuse habitude
De mêler à mon sort vos poèmes hautains,
Et de n'être jamais seule en ma solitude
Quand je bois la ciguë horrible du Destin…

II

Quand la mer Ionienne et la mer de Candie
Enveloppaient de vent et d'azur nos aïeux,

Déjà la Destinée assurée et hardie
Nous montrait d'autres cieux.

Nous vînmes du pays délicat et suave
Où le temple est étroit, où les dieux sont petits,
Où la douleur est sage, où la prudence est brave.
Où l'ordre est consenti.

Ainsi, tout composé de baume et de mémoire,
Votre esprit, désormais fidèle au sol gaulois,
Offrit pieusement à la fougueuse Histoire
L'harmonie et les lois.

Puisse la mer tarir avant que ne se taise,
— Ô voyageur guidé par les vents ioniens, —
Le murmure que font, sur les rives françaises,
Votre fiot et le mien !

## MA SAGESSE DÉJÀ…

Ma sagesse déjà habite les tombeaux ;
Mon effort résigné dès longtemps se prépare
À loger dans la terre âcre, réduite, avare,
Ce cœur à qui tout fut si cruel et si beau.

Tant d'yeux se sont éteints que survivre m'accable,
Quand parfois la douceur d'une heure délectable
Vient encor m'éblouir dans les midis d'été,
Je souris, sans y croire, à sa vaine bonté.

Et cependant, malgré d'indicibles tortures,
Je n'abrégerai pas mes adieux, ô nature,
À ton visage ardent, distrait et sensuel,
Car j'étais infinie et j'aimais ce qui dure,
Et j'avais tout choisi pour un temps éternel…

### Ô MORT, VOUS RENDEZ TOUT…

Ô Mort, vous rendez tout à vos pâles élus,
Les trésors sont en vous. Pour l'esprit que fatigue
Le long recensement de tout ce qui n'est plus,
Votre sol est fécond, vos néants sont prodigues !

Je songe, avec un cœur que vous avez capté,
À la parfaite paix des yeux et de la bouche,
Au regret qui nous quitte aussitôt qu'on vous touche,
À cette tendre, entière, et longue liberté !…

## IV. POÈMES DE L'AMOUR

Ce grand gémissement du rêve dans la chair…
A. N.

### ÉPIGRAMME VOTIVE

Peut-être que la gaie ou triste turbulence
Est le divin secret par qui tout s'éclaircit :
Raison supérieure, instinct vaste et précis,
Possession des cœurs, des sons et du silence !

Vous qu'on nomme folie, ivresse, déraison,
Vous, Exaltation, flamboyante saison
Qui dardez vos soleils sur les routes ardues,
Où est la vérité quand on vous a perdue ?

### ATTENDS ENCORE UN PEU…

Attends encore un peu. Rêvons. Es-tu bien sûr
Que c'est la volupté que réclame l'azur ?
Parce qu'un ciel torride agrippe et tient la ville,
Et que la chambre est comme une auberge en Sicile,
Parce que l'heure auguste et forte de midi
Est là, comme un enfant qui brille et qui grandit,
Crois-tu, cher étranger en qui je cherche un frère,

Que c'est la volupté qu'un jour si beau préfère,
Et qu'elle atténuera notre éternel exil ?
Quand nous serons unis et tissés fil à fil
Par les bras, les cheveux, les genoux et les lèvres,
Dans le lit triste et noir que ton désir enfièvre,
Quand nous serons tous deux haletants, et liés
Dans l'ombre où l'on perçoit le luisant mobilier,
Attentif, semble-t-il, à la tendresse humaine ;
Quand ton amour sera grondant comme la haine,

Crois-tu, me promets-tu, c'est là l'essentiel,
Que nos sanglots mêlés captureront le ciel.
Que nous pourrons vraiment épuiser en nous-mêmes
Cet infini désir qui, sans répit, essaime
Et peuple l'univers d'un mirage divin ?
Je voudrais croire en Dieu pour que rien ne soit vain
De ces moments où l'âme intolérante et pure
Subit en combattant notre heureuse torture…

Mais, hélas, l'excessif plaisir qui nous lia
N'a pas pu entraîner dans son suave gouffre
Le charmant et cruel univers dont je souffre.
Demain je reverrai le frais magnolia
Vernissé du jardin. Sa large fleur pâmée.
Succulent arsenal de rêve sensuel,
Élancera vers moi, d'un trait torrentiel,
Son rapide parfum d'eau courante embaumée ;
L'hirondelle au long vol, bohémienne des airs,
Jettera sur le soir ses volantes caresses
Qui semblent déchirer le bleuâtre désert
Où le prodigue oiseau se dépense et se blesse.
Puis je verrai l'étoile attentive du soir,
Doux regard vigilant de la nuit sérieuse,
J'entendrai se glisser le vent peureux et noir
Dans les pipeaux fleuris des grasses tubéreuses ;
Je verrai cet aspect puissant, continuel,
Paisible, qu'a, la nuit, le visage du ciel.

Que me seront alors tes caresses passées ?
Il faut à mon esprit un appui incessant ;
Les plaisirs fugitifs et les choses cessées
Flottent comme des morts dans le fleuve du sang !
J'aimerais de mourir. La mort me serait bonne
Sur ton cœur sombre, avant que ne souffle l'automne.
Te souviens-tu du chant sublime de Tristan
Près d'Iseult ? Ils sont seuls, la nuit, sous le feuillage ;
Nul ne les voit. Iseult, pure et brûlante, attend
Qu'éclate sur son front le turbulent orage
Du bonheur désiré. Mais, Tristan, grave alors,
D'un soupir plus plaintif que n'est le son du cor,
Et détournant ses yeux de sa noble conquête,
Déclame : « Je voudrais mourir ! »
Baissant la tête,
Soupesant, semble-t-il, tout le poids du plaisir.
Épouvanté, songeur, calme, il voudrait mourir !

— Mon amour, cette paix goûtons-la côte à côte,
Sereinement, avant que le destin nous ôte
Des bras, du cœur puissant, de la bouche qui mord,
La passion, le seul acte contre la mort !

## LE CHAPELET D'AMBRE

Mon esprit, libre oiseau toujours effarouché,
Est cependant pareil à ce chapelet d'ambre
(Mirabelles où dort un soleil de septembre)
Qui conserve l'odeur des mains qui l'ont touché.

Ainsi, selon ta gaie ou triste fantaisie,
Mon esprit est joyeux ou bien il est amer.
Console ce cœur plein de pleurs comme la mer,
Caresse, mon amour, ton chaud bijou d'Asie…

## LE PLAISIR

Plaisir, le plus profond et triste mot du monde,

Qui contient tout l'espoir et contient tout l'oubli,
Qui dit l'homme exultant ou bien enseveli
Dans l'extase effrayée où les larmes abondent.

Plaisir, le seul vainqueur, pied d'airain arrêté
Sur tout effort humain. Plaisir, terme des choses,
Accostage de l'être avec l'éternité,
Plénitude, désert, ravage, immense pause ;

Interrogation et reproche au destin
Pour ce ciel apparu à travers nos ténèbres,
Pour ce bref incendie enivrant, qui s'éteint
Et nous laisse sa cendre impalpable et funèbre.
Plaisir, effarement, puis révélation,
Passage de la mort franchi, clarté soudaine,
Être un dieu ; connaissance, ample précision ;
Puis cette pauvreté de la tendresse humaine !

Et pourtant rien ne vaut que vous, plaisir amer,
Sur qui posent le monde et tout l'humain théâtre,
Amer plaisir, profond tel la profonde mer
Qui porte allègrement les pesantes escadres !

N'est-ce pas vous toujours ces rêveuses lourdeurs
Du printemps pluvieux, ce pépiement d'eau fraîche
Dans la noire forêt, ces subites odeurs
Des bourgeons, crépitant sur les écorces rêches ;
Ce cri d'oiseau avec sa tristesse de cœur,
(Cri ténu et pourtant enflé comme l'orage).
Ce cri d'oiseau, le soir, n'est-ce pas votre ouvrage,
Ô sournois compagnon, solennel et moqueur,
Plaisir, vous qui toujours remplacez le bonheur !

## LA DOULEUR EST PRESSÉE…

La douleur est pressée et ne peut pas attendre,
Il lui faut un subit et vaste apaisement ;
Je ne sais où j'ai lu ces mots plaintifs et tendres :

« Souffrir est un très long moment. »

Bondissant comme un cerf qu'un chasseur assassine,
Le turbulent désir ne peut être prudent.
C'est vous qui le criez, princesse de Racine :
« Je meurs si je vous perds, mais je meurs si j'attends ! »

Ces paroles de feu, ce pantelant dilemme
Que jette à votre amant votre esprit irrité,
C'est le puissant soupir de l'être, dès qu'il aime.
— Sombre Amour, composé d'âme et de volupté,

Puisque jamais l'instant de vivre n'est propice
A ton avide espoir, prompt et vertigineux,
Puisque tout désir court vers un sûr précipice.
Et pour être éternel veut être ruineux,

Quel est donc le souhait de ces deux corps qui tremblent
Enlacés, se faisant plus serrés, plus étroits,
Comme pour se tapir dans le néant ? Il semble
Qu'ils cherchent un tombeau, dans leur suave effroi.
Et la volupté n'est, peut-être, je le crois.
Que l'essai de mourir ensemble…

## QUAND ENFIN VOTRE ESPRIT…

Quand enfin votre esprit devient distrait et vague,
Après l'immense amour dont vous m'entreteniez,
Mon ardeur se défait et sur vous vient régner
Comme l'écume sur la vague.

Le jour d'été s'éteint dans l'espace endormi ;
Vous parlez d'une voix que j'entends à demi ;
Étant heureux et doux, vous me croyez contente.
Vous ne pouvez savoir quel infini me tente,
Ni quels divins secrets j'échange avec le soir.
Ma fraternelle main sur votre front s'allonge,
Vous contemplez mes yeux comme un calme miroir,

Et nous sommes baignés d'un vaporeux mensonge,
Vous étant confiant et moi celle qui songe…

## CHANT DE DAPHNIS

Ne reste pas distraite ainsi. Le plaisir veut
Que lentement l'esprit l'observe et le conçoive,
Et que le pied soyeux, l'épaule et les cheveux
Autant que le regard et les lèvres le boivent.

C'est un dieu susceptible et fier que le désir.
Sa suprême bonté de feu ne se hasarde
Que vers l'esprit soumis qui se laisse envahir,
Et dans son miel cuisant languissamment s'attarde.

— Pauvres humains, fuyez les faibles vanités,
N'engagez pas vos jours dans de vaines parades,
Que resto-t-il aux morts, sinon d'avoir été
Un moment de la vie et de l'éternité,
Quand le corps attentif et l'âme par saccades
Atteignent à la volupté ?

## CHANT DE CHLOÉ

Un brûlant frelon vient se pendre
Au mol clocheton d'une fleur.
Ils s'unissent : on peut entendre
Un bruit volant, vibrant, ronfleur.
C'est un baiser cuisant et tendre,
Et la fleur feint de se défendre
Contre la flambante rumeur
Qui distend sa grâce ténue…

Puis le frelon, léger, repart.
On croit voir voler dans la nue
L'âme jaspée du léopard,
Cependant que, dans son calice
Remué, déchiré, rêveur,

La docile et constante fleur
Retient un meurtrier délice.

L'insecte n'a pas tant d'ardeur
Que cette fleur qu'il vient de fendre.
— Ô mon amour, peux-tu comprendre
Ce que c'est que la profondeur ?...

## CE NE SONT PAS LES MOTS...

Ce ne sont pas les mots les plus étincelants
Qui pourraient définir la force qui nous lie :
Les vocables : bonheur, enchantement, folie,
Ne sont pas si profonds, si vastes, ni si lents
Que cet illimité et conscient bien-être
Qui me fait respirer avec les cieux ! Peut-être
Pourrions-nous baptiser nos suaves moments
Du beau nom de plaisir et de contentement.
— Être content : splendeur, possession du monde !
Royauté d'un tranquille et bleuâtre Océan ;
Plénitude sans hâte, indolence féconde,
Qui font se ressembler l'excès et le néant.
Contentement ! Ce dont aucun humain n'est digne,
Ce dont nul ne jouit qu'avec la crainte insigne
Qu'il lui faudra bientôt, sûrement, expier
Cette fortune intruse, innocente et suprême...
Contentement : par quoi tout corps cherche à prier !

— Et je connais cela par ton amour ! Je t'aime,
Étranger qui prends tout et qui m'as tout donné,
Commencement de moi du jour où tu es né,
Toi mon sang véritable, et ma vie hors moi-même...

## SOLITUDE

Je t'aime, mais je rêve, et mon être sans borne,
Quand le croissant des nuits montre sa belle corne,
Attiré vers les cieux par des milliers d'aimants,

S'élance, et va s'unir à tous les éléments.

Pourtant c'est toujours toi que mon désir réclame,
Mais comment pourrais-tu dominer sur mon âme,
Si tu ne peux bannir de mon cœur ébloui
Ce pouvoir d'espérer par quoi je te trahis ?

## AINSI, LORSQUE J'ÉTAIS UNE ENFANT.

Ainsi, lorsque j'étais une enfant qui rêvait,
Par l'azur éblouie et que l'azur étonne,
Lorsque je regardais, grave, petite et bonne.
Le frelon mol et creux flotter sur le duvet
Des chauds géraniums dont le parfum grésille ;
Quand j'étais cette franche, humble petite fille.
Qui donne tout son bien aux pauvres, et qui croit
Qu'un mendiant est Dieu descendu de sa croix,
Et que je saluais lentement, jusqu'à terre,
Ce pauvre ; quand j'étais une enfant solitaire
Qui regardait monter, le cœur plein de sanglots,
La fumée amicale aux toits bruns des hameaux,
Et que, l'âme toujours liée à la nature.
Ayant le doux bonheur d'errer au bord d'un lac.
Je voyais les flots clairs, sémillante froidure,
Se bercer sur la rive ainsi qu'un bleu hamac,
Tu dépensais déjà tes lascives caresses,
Homme voluptueux, sur de vaines maîtresses,
Qui, ne comprenant rien à ton esprit hautain,
S'étonnaient que tes yeux cherchassent au lointain
La passion unie à de nobles décences î
Et moi, je m'en venais, du fond de mon enfance,
Vers toi ; j'enrichissais mon cœur, fait pour t'échoir.
Des secrets dévoilés que nous livre le soir,
Quand la molle atmosphère, où les parfums s'enlisent,
À l'ample gravité rêveuse des églises.
— Et je songe aujourd'hui, avec un doux effroi.
Que ce jardin plus clair que de fraîches faïences.
Cette pudique odeur de la nuit dans les bois.

Cette ivre charité, cette sainte innocence,
Ces poétiques dons du sort tendre et courtois,
Homme passionné, me conduisaient vers toi !

## LE SILENCE

Écoute, on n'entend rien. Que le silence est beau !
Il est, ainsi que l'aube et la nuit étoilée,
Sans souffle, sans projets, sans voix et sans écho…
C'est un jour chaud dormant sur une immense allée,
C'est midi terrassant de sommeil les hameaux,
C'est une grotte froide avec de l'eau verdâtre
Qui gît dans le granit comme un miroir brisé ;
C'est un chemin du soir, immobile, apaisé,
Où décroissent les pas des troupeaux et du pâtre.
— Ô Silence ! Balcon sur la mer à minuit !
Pointe hardie, étroite et sableuse des grèves,
Qui s'en va de la terre et prolonge son rêve
Au loin, entre le ciel qui songe et l'eau qui luit !…
— Silence ! Ô majesté, candeur, sainte colombe
Qui couve l'on ne sait quel œuf immense et pur ;
Colonne de douceur, indiscernable trombe
Faite d'âme rêveuse et d'invisible azur !…

— Et je vous dis cela, cette nuit, mon ami,
Car, lasse de bénir les lourds trésors du monde
Sur votre chère épaule où je dors à demi,
J'écoute le silence, onduleux comme l'onde.
Oui, le silence est frais ainsi que l'eau qu'on boit,
11 est prudent et fier comme un faon dans les bois,
Il paraît s'assoupir et cependant il danse !
Et j'observe, l'esprit tendu comme un chasseur,
— Tandis que je languis d'amour sur votre cœur
Dont j'entends en pleurant les mortelles cadences —
La course illimitée et pure du silence !

## LE REPROCHE

Il n'aurait pas fallu que vous fussiez méchant, Ou du moins seulement à ces moments extrêmes Où les femmes, gisant dans un rêve oppressant, Ne cherchent plus le cœur des hommes qu'elles aiment.

Mais j'étais ce soir-là sage et triste. Pourquoi Ai-je vu votre injuste et brumeuse colère ? Je ne connaissais plus vos yeux ni votre voix, Et votre cruauté ne savait pas me plaire.

Mon esprit, recherchant la céleste amitié, S'épouvantait ainsi qu'un vaincu qu'on désarme ; Vous n'aviez pas le droit de m'infliger des larmes Hors du plaisir, qui n'a pas besoin de pitié !

J'accepte que votre âme âprement se soulève
Aux instants où ma vie en la vôtre s'achève
Parmi tant de fureur et d'intrépidité ;
Mais parfois le désir impétueux fait trêve,
Ces jours-là ont besoin de charme et de bonté ;
Il faut plus de bonheur à l'amour lorsqu'il rêve
Qu'il n'en faut à la volupté !

## LE NOBLE ÉTHER DES NUITS…

Le noble éther des nuits, mon amour, condescend
À courber sur nous deux sa bonté qui se pâme ;
Nous rêvons, et pourtant ce n'est pas innocent,
Sans nous voir nous tremblons de nous sentir présents.
Tant la volupté vient de l'âme !

Toi prudent, moi gonflée d'un éclatant amour
Que la divine paix de t'approcher modère.
Nous regardons la sombre et ductile atmosphère
Où les astres brillants sont des fragments de jour,
J'écoute nos deux voix se taire tour à tour,
Comme on se tait quand on espère.

Le vent fait crépiter un arbre vert et brun.
— Comme le blé léger rompu par la faucille.
Mes refus, dans tes bras, se défont un à un,
Il ne reste de moi, tant mon être vacille.
Que ce qui reste encor de l'encens qui grésille

Entre la flamme et le parfum !

Mon amour, le désir qui déchire et dévoile,
Qui comble, qui saccage, et achève et détruit,
A-t-il mêlé nos corps jusqu'aux profondes moelles.
Mon âme est hors de moi, l'infini m'éblouit,
Me suis-je unie à toi, me suis-je unie à lui,
Je sens que mon cœur s'est, dans la fougueuse nuit,
Accordé avec les étoiles !

## PARQUES ! NUL CŒUR NE SAIT…

Parques ! Nul cœur ne sait ce qu'il lui reste à vivre,
Ni quel jour doit le rendre à jamais oublieux.
— Fol azur tout chauffé de soleil, je m'enivre
D'autant plus âprement des cieux voluptueux !

Ô cieux éblouissants, ô possesseurs prodigues
D'un flot tumultueux qui ne peut pas faiblir,
Ne romprez-vous jamais l'indiscernable digue
Qui sépare de moi votre irritant plaisir ?

Hélas ! Mon Orient, mes étés, mes Espagnes,
Espace où j'ai partout voulu mettre les mains,
Habitantes des cieux, Pléiades ! je m'éloigne
De vos airs fraternels et pourtant inhumains !

— Puisque je ne peux pas arracher à la nue
Cette dure beauté qui nourrit le désir
Sans le rassasier ! Puisque je m'exténue
À fasciner l'éther qu'on ne doit pas saisir,

Désespérons du ciel sur le sein l'un de l'autre,
Mon amour ! Laisse-moi retomber sur ton cœur,
Défions les transports de l'azur par le nôtre,
Opposons l'âme immense à l'univers moqueur.

La Nature a trompé ses flatteurs les plus tendres,

Jamais ses beaux jardins fleuris ne sont cléments
A deux corps inquiets que l'ardeur vient surprendre.
J'aime la pauvre chambre où rêvent deux amants…

Mais l'âpre volupté par qui l'être est exsangue
Hélas ! ne tarit pas notre désir ce soir,
Car rien, hormis la mort, ne laisse apercevoir
L'âme, ce fruit serré dans une double gangue
D'éphémère liesse et d'épais désespoir,

— Et j'aime mieux ton âme, ô donneur de caresses,
Dussé-je m'épuiser entre le pain et l'eau
Dans un cloître sans air, près d'une rude abbesse
Qui réglerait nos pas dans un étroit enclos.
Que l'indéfinissable et mortelle détresse
Qui suit le carnassier et langoureux sanglot !…

## TRANQUILLITÉ

Après le jour luisant d'entrain
Voici la nuit, dévote et fine,
Il semble que le ciel s'incline
Par le poids des astres sereins.
Le souffle saccadé d'un train
Transmet à la calme colline
Sa palpitation d'airain.
Dans l'ombre, les bruits qui scintillent,
— Bruits de pas, de voix, de volets, —
Semblent polis comme des billes,
Comme les grains d'un chapelet.
— Ô Nuit, compatissant mystère !
Se peut-il, quand l'air est si doux
Et semble penser avec nous.
Qu'il y ait des morts dans la terre !

— Je n'ai besoin de rien ce soir
Grâce à ta tendresse amoureuse,
Une âme n'est vraiment heureuse

Que sans projets et sans espoirs.
Nous parlons sans cesse de l'âme,
Pourtant, après ce long plaisir,
Tout nous est paresse et loisir,
Plus rien en nos cœurs ne réclame ;
Nous pourrions vivre ou bien mourir
Contents ainsi, calmes, à l'aise.
— Ô mon cher compagnon, serait-ce
Qu'on ne souffre que de désir ?

## TRISTESSE DE L'AMOUR

Les femmes, mon amour, craignent la rêverie.
Tu ne peux pas savoir de quel poids la langueur
Les accable. Le soir, quand la calme prairie
Émet des parfums frais comme un sorbet d'odeur,

Quand le vent noir circule, invisible danseuse,
Et semble vouloir plaire aux astres attentifs,
Quand, au bas du coteau, un train prompt etfurtif
Lance comme un torrent sa force aventureuse,

Quand sur la ville calme, et que l'ombre abolit,
Tout à coup le suave et copieux silence
Noblement se construit, navigue et se balance,
Aérien vaisseau sur l'éther amolli,

Les femmes sont sans joie, et se désintéressent
Du sublime univers, plein de vœux inconnus ;
L'esprit bouleversé, ces ardentes prêtresses
S'épouvantent du rêve en leur cœur contenu.

— Amants, ayez pitié de ces bêtes divines,
Aimez ce corps qui meurt, ce corps qui va mourir.
Ces fronts contemplatifs que la beauté chagrine,
Que rien, hormis l'amour, ne pourrait secourir !

Les femmes ne sont pas romanesques, l'espace

Qui séduit leurs regards et les vient envahir,
Ne leur offre jamais aucun but qui dépasse
L'éblouissement grave et constant du désir !

Ne leur demandez pas d'être amplement sincères.
Les mots ne servent pas leur vaste vérité,
Ces rêveuses, tandis que vos bras les enserrent,
Poursuivent le divin parmi la volupté.

Ne leur demandez pas d'être humblement fidèles,
Leur cœur puissant a droit à d'infinis détours ;
Leur détresse ressemble à ces cris d'hirondelles
Qui jettent sur le soir tant d'adieux et d'amour !

Lorsque leur turbulent et confiant désordre
S'abat entre vos mains, dans leurs instants sacrés.
C'est l'immense univers qui leur donne des ordres,
Et vous n'êtes jamais qu'un répit préféré.

Rien d'autre que l'amour n'occupe ces furies,
Leur douceur, leur bonté n'est qu'un humble présent
Que leur âme attentive, anxieuse et meurtrie,
Accorde à vos désirs, moins que les leurs puissants !

## CONFESSION

Je t'aime comme on aime vivre,
À mon insu, et cependant
Avec ce sens craintif, prudent,
Qu'ont surtout les cœurs les plus ivres !

J'ai douté de toi, mon amour.
Quelle que soit ta frénésie.
Puisqu'il faut qu'il existe un jour
Au loin, où, ni la poésie,

Ni les larmes, ni la fureur,
Ni cette vaillance guerrière

Qui criait au Destin : « Arrière ! »
N'agiront contre ce qui meurt.

Jamais je ne fus vraiment sûre
De te voir, quand je te voyais :
Ce grand doute sur ce qui est
C'est la plus fervente blessure !

Tu sais, on ne peut exprimer
Ces instinctives épouvantes :
J'ai peur de n'être pas vivante
Dès que tu cesses de m'aimer !…

## LIBÉRATION

La nuit par sa tiédeur vient prolonger la chambre,
La fenêtre est ouverte, et l'on se sent uni
À ce scintillement chuchotant, infini,
Des étoiles d'argent et de la lune d'ambre.

J'ai détourné de vous, tumultueux ami,
Après cet esclavage où tout l'être a frémi,
Mon esprit attiré par la beauté des choses.
— Tandis que votre front contre mon bras repose,
Mon cœur, libre de vous, de soi-même dispose.
Je renoue avec l'air ma noble parenté :
Le silence savant, les cieux, l'éternité
Me conquièrent avec un verbe énigmatique.
La nuit me parle ainsi qu'à son enfant unique.
Comme la blanche étoile au bord des cieux d'ébène,
Je me sens rayonner dans l'ombre ; nulle gêne
N'embarrasse ma pure et calme vanité ;
Et je me sens puissante, indolente, tranquille
Comme un profond jardin de palmiers dans une île…
— Mon douloureux Destin s'est en vous arrêté,
Ô nuit secrète et courte entre deux jours d'été !

## SI NOUS VIVIONS UN JOUR…

Si nous vivions un jour dans la même maison,
Après nos longs labeurs qu'il est vain de poursuivre,
Le temps ne me serait qu'une seule saison.
Avec ses étés ou son givre.

Je pourrais repousser, dans un si noble accord,
Ce chant de l'infini qui veut qu'on lui réponde,
Après avoir, abeille aux lumineux transports,
Recomposé sur toi le monde !

Je plierais ma tempête à tes calmes conseils,
Sans même que ma flamme en soit diminuée.
— J'apaiserais en moi les chevaux du soleil
Qui me traînaient dans la nuée !

J'aimerais le moment où le puissant répit
Du sommeil accapare et baigne ton visage,
Où ton mobile esprit s'embue et s'assoupit,
Où tu dors comme le feuillage,

Comme l'humble feuillage indistinct et mêlé
Qui n'est plus qu'une part de la nuit sérieuse,
Et te voyant ainsi, sans projets, accablé,
Je pourrais enfin être heureuse !

Heureuse de ta paix de dolent animal
Où tout le grand péril des désirs humains cesse,
Et comme tout de toi m'aurait pu faire mal,
Je songerais à ta jeunesse !

À ta jeunesse avide et qui n'avait d'égards
Pour aucun corps rêveur que le destin opprime,
Et je comparerais tes dédaigneuses cimes
À ton lent sommeil sans regard !

Je songerais à ta jeunesse combative,
Que je n'ai pas connue et dont j'aurais souffert,
Puisqu'il m'est quelquefois trop poignant que tu vives,
Ô surcroît de mon univers !
De mon bel univers qui n'avait que mon âge
Quand je l'ai fait jaillir, romanesque et naissant,
De la présomption de mon jeune courage
Et de la chaleur de mon sang !

— Ah ! comment saurais-tu, sombre joueur de viole,
Orage de minuit à des orgues pareil,
Ce qu'est le flamboiement d'une âme qui s'envole
Piller les vergers du soleil ?

Comment comprendrais-tu, forêt du nord qui laisses
La lune romantique en toi sonner du cor,
Une fille d'Atlas qui soulève et caresse
L'univers lié à son corps ?

Tu ne sauras jamais ce qu'est mon clair mystère :
Ce sublime remous de courage et d'azur !
Mais comme nous serions ensemble solitaires,
Tout me serait bon, net et sûr.

Et tandis que, le front courbé sur ta personne,
Je grouperais en toi tout ce que j'ai cherché,
Par la fenêtre ouverte où le lierre frissonne,
Je verrais les astres penchés,

La lune, allègre et ronde, et les astres près d'elle,
Je les verrais, penchés sur nous, et s'étonner
Que mon cœur ébloui, qui pour eux était né,
Ne leur soit pas resté fidèle !

— Et tout cela, mon Dieu ! parce qu'en mon exil
Terrestre, au bord d'un lac que les mouettes paissent
Le turbulent destin a tissé fil à fil
Mon délire avec ta tristesse !

## TOUTE HEURE SIGNIFIE…

Toute heure signifie un désir, un espoir.
Qu'il est doux d'écouter, dans le calme du soir,
Quand la nuit de poussière et de rumeurs s'allège,
L'horloge du couvent, l'horloge du collège
Semer leur blé d'argent qui vient frapper le cœur !
Mais ce chant s'enfle et dit à l'homme : « voyageur,
Je suis le temps, jamais ma force ne s'arrête ;
Malgré la fraîche nuit, dont l'haleine est quiète,
Je suis le temps, porteur de l'incessant hasard.
Quoi ! tu te reposais de désirer ? Repars.
Je viens désappointer ton repos sage, intime.
Respire ! Le doux vent a l'élan maritime
Des brises au grand cœur qui poussent les vaisseaux.
Ce soir, où le feuillage est tout gonflé d'oiseaux.
Où l'on entend dans l'air, que des parfums incisent,
Sommeiller les maisons et méditer l'église.
Si tu n'étais vraiment qu'un esprit satisfait
Tu ne percevrais pas le murmure que fait
« Mon pas agitateur dans le dormant feuillage.
« Voyage par l'esprit, par le désir voyage !
« Ne reste pas soumis à ton sort quotidien.
« Les morts ne peuvent pas rompre le noir lien
« Qui les noue à la place exiguë et sans choix
« Où leur corps se défait subtilement.
Mais, toi,
« Es-tu un mort déjà pour que tu te reposes ?
« Quoi ! Tu n'attends plus rien, tu te résignes ? Ose
« Repousser sourdement, par molle lâcheté,
« Le défi de bonheur qui vient des nuits d'été !
« Oui, le bonheur est dur, c'est un vent qui saccage,
« C'est la vague jouant avec le coquillage,
« C'est un ordre hardi envers un cœur guerrier…
« Mais quoi ! Lorsque j'exige ai-je l'air de prier ?
« S'agit-il de convaincre et tenter ton courage ?
« Viens, esclave, je suis le séduisant orage,
« Le Destin, pour qui l'homme est un plaisant bétail

« Qu'importent ton orgueil, ta vertu, ton travail,
« Tout ce que ta raison construit avec prudence ;
« Viens, sois aventureux, sois ivre, tremble, danse,
« Aime, souffre, provoque, admets la volupté,
« Pauvre être, collabore à mon éternité !
« Ô cœur toujours giclant sous une main pressante,
« Insecte que les nuits chaudes font s'allumer,
« Instinctive raison, âme phosphorescente,
« Crois-tu donc avoir fait autre chose qu'aimer ?
« Crois-tu avoir jamais écrit un seul poème,
« Te fût-il inspiré par la beauté du jour,
« Qui n'ait été pour toi une action d'amour,
« Un cri audacieux, par quoi tu disais : « J'aime. »
« J'aime, je veux, j'attends », dit ton chant vif ou lourd ;
« Et ta voix qui semblait fringante et souveraine,
« N'est que cette lugubre et plaintive sirène
« Des vaisseaux dans la nuit appelant au secours ! »
Ainsi parle la voix qui pénètre les moelles.
Et voici que, levant alors vers les étoiles
Les yeux qui reposaient sur un livre choisi,
N'écoutant plus le bruit délicat et transi
Que fait sous le zéphir ma persienne de toile,
Je n'ai que du dégoût et du détachement
Pour ma calme demeure.
Ô nuit ! ô firmament !
Provocateurs divins, prometteurs sans relâche,
Quelle est donc nettement, longuement notre tâche,
Si l'austère devoir insulte à vos projets ?
Si l'apaisant ennui où mon cœur se rangeait
Irrite la vigueur violente des astres ?
Vous aimez le plaisir, vous aimez le désastre,
Ainsi vous ramenez dans vos cruels chemins
Le troupeau effrayé et prudent des humains,
Ne devons-nous jamais atteindre enfin le havre ?
L'amour prend-il l'esprit et le sol le cadavre,
Inexorablement, jusqu'à la fin des temps ?
S'agit-il, pour l'esclave humain, d'être content ?
Est-ce là son effort unique, ardu, suprême,

L’ineffable butin à quoi tout cœur prétend ?
— Et soudain, un conseil qui monte de moi-même,
Accède, hélas, aux vœux qui me viennent du soir,
Et je murmure, avec un sombre et triste espoir.
Tandis que le vent vif a la fraîcheur de l’onde :
Je me soumets à vous, Amour, impôt du monde.
Carnassier dont le croc met sa pointe profonde
Dans tout corps respirant qui n’est que ton forçat !
Il ne se pouvait pas que la corde cassât
Qui lie à ton vouloir ma course de nomade ;
Tu es parfois distrait, mais si l’âme s’évade
Tu l’enroules, ô maître, à ton puissant poignet !
Tout être t’appartient dès le moment qu’il naît.
Et jamais plus ce cœur n’appartient à soi-même.
Je sens bien tes raisons ; oui, je ressens l’extrême
Frivolité d’avoir voulu choisir la paix.
Le monde est tout entier l’agneau dont se repaît
Ton riant appétit. Non, je ne suis pas lâche.
Je le sais bien, qu’il faut que tu mordes et mâches
Tout ce qui est vivant, bondissant, fleurissant,
Pour propager le souffle animal et le sang
Avec une féroce et limpide innocence !
Mais je sais bien aussi que ta dure exigence
Est suave, que seul tu peux vaincre la mort.
— Animateur sacré, Contempteur du remords,
Je sais que tout se meut, agit, combat, endure
Pour que l’humaine vie et les jeunes verdures
Aient dans l’immense espace un éternel retour !
Je sais que l’arche altière et noble de l’amour,
Où chaque être se croit élu, libre et vivace,
Ressemble au joug qui joint et courbe sous sa masse
Les deux fronts accolés des grands bœufs au labour.
Oui, je sais tout cela. Je referme le livre
Où mon esprit calmé, sans souffrir d’être seul
Gisait.
Sur le feuillet, net et mince linceul,
Les mots écrits avaient le froid léger du givre.
C’est vrai que je cessais d’être triste et de vivre.

Mais ton œil a surpris, ô pasteur des humains,
Mon visage sans flamme appuyé sur ma main,
Et tu n'as pas permis que ta plus chère esclave
Échappât mollement à ton torrent de lave.
Que te dirai-je, ô dieu ? j'ai peur ; j'ai tant souffert
De bonheur, de douleur ; le diamant, le fer
Ne sont pas plus aigus qu'un regard qui torture,
Les yeux sont les démons gardiens de la nature :
Pôles mystérieux où songent les aimants !
Que puis-je souhaiter ; je ne sais pas moi-même ;
Tout trouble, tout déçoit, tout se défait, tout ment.
Mais j'entends que mon cœur murmure faiblement.
En évoquant des morts l'austérité suprême :
« Dormir encor un soir près d'un enfant qui m'aime… »

## SIMILITUDE

Nous sommes surpris tous les deux
D'être nous deux, et d'être ensemble ;
Nous devinons que nos yeux tremblent,
Errant sur le calme des cieux,
Et nous croyons, dans la faiblesse
De notre bonheur ample et coi,
Que ce beau ciel aussi nous voit,
Et que sa suave tristesse
Avec compassion s'abaisse
Sur vous qui songez près de moi…
— Ce serait un sublime échange
De tout secret essentiel,
Si la musique, comme un ciel
Qui soudain délivre ses anges.
Jaillissait de nous tout à coup.
De mes talons jusqu'à mon cou,
Épandait son langage étrange,
Ce saint langage sensuel
Que seule donne la musique ;
Et notre ardeur serait unique,
Ô mon amour, ma passion,

Si dans nos rêves sans remède
Nous sentions venir à notre aide
Cette ineffable explosion !...

## NON, L'UNIVERS N'EST PAS...

Non, l'univers n'est pas qu'un astre âpre et maudit ;
Âme religieuse, il est des paradis.
Ne cherche pas trop loin ces conquêtes célestes,
Entre dans un jardin.
Le vent soyeux et leste
Se heurte en clapotant aux buissons luxueux.
— Suave hilarité du visage des dieux,
L'azur, émerveillé de lui-même, s'étonne !
Il exulte ! Les fleurs semblent être en cretonne
Tant leur tissu mielleux est naïf et pimpant-Un
plaisir sans déclin est partout en suspens.
Vois, contre l'ancolie obstinée et peureuse,
Voler et se buter l'abeille argumenteuse
Qui rompt, avec son bruit de grêlon et de vent,
La délicate paix des calices rêvant.
Sur la verte pelouse, où le soleil trépigne,
Un merle maladroit happe l'air et le mord ;
Un blanc magnolia, à peine éclos encor,
Sur son luisant feuillage est comme un œuf de cygne.
Qu'ils sont chauds et touffus les flocons bleus de l'air !
Entends jaillir, ainsi qu'une source au désert,
Cet hosanna d'oiseaux, ces vives accordailles,
Ces grains de voix qui sont d'argentines semailles
Dans les sillons d'azur du jubilant éther !
— Au centre d'un bosquet que la chaleur abîme,
Un rayon de soleil use comme une lime
Le pâlissant lilas, dont il vient mordiller
La tiède moelle vanillée...

— Mais si ces chauds parfums, ces azurs, ces silences,
Au plaisir de ton cœur mêlent des coups de lance,
Si dans ces paradis tu soupires encor.

Si le jour exalté te hèle et te torture,
Si tu ne peux vraiment supporter la Nature
Sans te sentir plus tendre envers un autre corps,
Ô cœur religieux, un corps est une église,
Un corps humain qui rêve est un temple entr'ouvert,
Il est le vase où naît et se meurt l'univers,
Il est aussi l'unique et puissante franchise
Où tu peux te guérir du triomphant été
Au prix de la tristesse et de l'humilité…

## C'EST APRÈS LES MOMENTS…

C'est après les moments les plus bouleversés
De l'étroite union acharnée et barbare,
Que, gisant côte à côte, et le front renversé,
Je ressens ce qui nous sépare !

Tous deux nous nous taisons, ne sachant pas comment,
Après cette fureur souhaitée et suprême,
Chacun de nous a pu, soudain et simplement,
Hélas ! redevenir soi-même.

Vous êtes près de moi, je ne reconnais pas
Vos yeux qui me semblaient brûler sous mes paupières ;
Comme un faible animal gorgé de son repas,
Comme un mort sculpté sur sa pierre
Vous rêvez immobile, et je ne puis savoir
Quel songe satisfait votre esprit vaste et calme,
Et moi je sens encore un indicible espoir
Bercer sur moi ses jeunes palmes !

Je ne puis pas cesser de vivre, mon amour !
Ma guerrière folie, avec son masque sage.
Même dans le repos veut par mille détours
Se frayer encore un passage !

Et je vous vois content ! Ma force nostalgique
Ne surprend pas en vous ce muet désarroi

Dans lequel se débat ma tristesse extatique.
— Que peut-il y avoir, ô mon amour unique,
De commun entre vous et moi !

## IL N'EST PAS UN INSTANT…

Il n'est pas un instant où près de toi couchée
Dans la tombe ouverte d'un lit,
Je n'évoque le jour où ton âme arrachée
Livrera ton corps à l'oubli.

Se peut-il que se rompe une veine qui porte
Un même sang parmi deux corps,
Et que l'un des deux reste au moment que la porte
Se ferme sur celui qui sort ?

Qu'advient-il de celui que le destin néglige,
De celui qu'on nomme vivant ?
Attend-il que la plaie à son côté se fige ?
De quel fiel va-t-il s'abreuvant ?
— Que valent donc les mots, les larmes, les caresses,
Le féroce accaparement
D'un corps par l'autre corps, si ces promesses cessent
Au terrible et dernier moment ?

Qu'avons-nous souhaité dans le plaisir, cher être,
Si ce n'est d'être tour à tour
Celui qui meurt, celui qui voit l'autre renaître,
Celui qui l'assiste d'amour ?

Quand ma main sur ton cœur pieusement écoute
S'apaiser le feu du combat.
Et que ton sang reprend paisiblement sa route,
Et que tu respires plus bas,

Quand, lassés de l'immense et mouvante folie
Qui rend les esprits dévorants.
Nous gisons, rapprochés par la langueur qui lie

Le veilleur las et le mourant,

Je songe qu'il serait juste, propice et tendre
D'expirer dans ce calme instant
Où, soi-même, on ne peut rien sentir, rien entendre
Que la paix de son cœur content.
Ainsi l'on nous mettrait ensemble dans la terre,
Où, seule, j'eus si peur d'aller ;
La tombe me serait un moins sombre mystère
Que vivre seule et t'appeler.

Et je me réjouirais d'être un repas funèbre
Et d'héberger la mort qui se nourrit de nous,
Si je sentais encor, dans ce lit des ténèbres.
L'emmêlement de nos genoux…

## LORSQU'UN JOUR SONNERA.

Lorsqu'un jour sonnera l'heure immense où tu meurs,
Et que, servant ton vœu fidèle à tes ancêtres,
Tes amis, épiant ta rêveuse torpeur,
Vers ton lit guideront les prêtres,

Quand, les yeux retirés de l'espace et du temps.
Ton esprit résigné dédaignera de faire
Aucun signe d'espoir à l'ingrate atmosphère
Qui rejette son assistant,

Ô mon unique amour, quand ton intelligence
Où le chaos du monde avait trouvé des lois,
Ne s'accointera plus que du puissant silence,
Veuille encore penser à moi !
Veuille, dans la terrible et calme solitude
De cet instant dont nul ne prendra la moitié,
Rappeler à ton cœur la tendre quiétude
De mes pieds noués à tes pieds ;

Veuille songer encor, — tandis que les prières

Bourdonneront sur toi en essaims assourdis, —
À ces grandes ardeurs, sombres et familières,
Où nos cœurs s'étaient enhardis !

Veuille te souvenir, cependant que l'on ôte
Avec l'huile funèbre et sainte tes péchés,
De cette indélébile et délectable faute
Des corps l'un sur l'autre penchés.

Songe à la nudité des membres et de l'âme
Que nous avons connue à l'heure où rien ne ment
Quel Dieu t'arracherait cette part de ma flamme ?
Ma joie est dans tes ossements !

Il suffit de l'instant turbulent où s'enlace
Un corps à l'autre corps parmi des pleurs cuisants,
Pour qu'aucun baume humain ou céleste n'efface
Ce cachet qui va s'enfonçant !
Il serait plus facile à la sorcellerie
De séparer le sel d'avec toute la mer,
L'astre d'avec les cieux, l'herbe de la prairie,
Que mon sang de ton cœur amer !

— Ainsi, ô mort comblé, tout empli de la sorte
De celle qui te fut si tendre aux jours vivants,
Lorsque tu sembleras, sur les bras qui t'emportent,
Un noir fardeau d'ombre et de vent,

Tu garderas encor, parmi les vagues forces
Qui composent sans fin le sort mouvant des morts,
L'amoureuse résine incluse dans l'écorce.
Et le long plaisir sans remords !...

## SI LE CLAIR DE LUNE...

Si le clair de lune chantait,
Si l'eau parlait dans la fontaine,
Si quelque étoile consentait

À répondre au bruit des antennes,

Si le crissement langoureux
Des insectes dans les calices
Confiait à l'air vaporeux
Son mélancolique délice,

Si les arômes qui, le soir,
Gonflent la brise consentante,
Disaient leur ennui, leur espoir,
Et leur voluptueuse attente,
On entendrait une clameur
Exploser du sol à la nue,
Où tout soupirerait : « Je meurs,
Je vis, je suis, je continue… »

Amour, fraternité brûlante,
Excès d'âme et de charité,
Qu'elle soit foudroyante ou lente
La grave et noble volupté !

— Quand ses hymnes se seront tues,
Quand son tumulte aura cessé.
Si mon cœur las et délaissé
Bat encor, je veux qu'on me tue.

— Je mets sous l'invocation
De vos Saintes désordonnées,
Ces extases de passion,
Mon Dieu ! que vous m'avez données !

## PAROLES PANS LA NUIT

Le soir est un lac pâle ; un floconneux nuage,
Tendre comme un œillet, fleurit le bleu du ciel.
C'est l'heure inexprimable où le bonheur voyage,
Invisible, certain, obstiné, sensuel.
Il n'est de ciel vivant qu'alentour des visages :

Aimons. Laisse mon front rêver sur tes genoux,
Bientôt ces soirs si beaux ne seront plus pour nous
L'on n'y pense jamais, mais la jeunesse passe,
Et puis le temps aussi, et c'est enfin la mort.
Reste, ne bouge pas. Que rien ne se défasse
De tes yeux sur les miens, de tes doigts que je mords
De tout ce qui nous fait si serrés dans l'espace,
Allégés de souhaits, de crainte et de remords,
Et conformes, enfin, aux éternelles choses
Où tout penche, s'apaise et humblement repose.
Il n'est que de mourir pour échapper au temps,
Et je suis morte en toi. À peine si j'entends,
 Dans les confus soupirs de la nuit cristalline,
Le bruit léger d'un train faufiler la colline…

Mais mon cœur que l'amour avait exténué.
Hélas ! sent rebondir sa guerrière cuirasse.
Le vent de l'infini sur mon front s'est rué,
Il n'est jamais bien long le temps qui me harasse.
Est-ce qu'un jour mon cœur pourra n'espérer plus ?
J'ai toujours attiré tout ce que j'ai voulu.
Vivre, aimer, endurer, c'est toujours l'espérance :
Si je ne t'aimais pas du fond de ma souffrance,
Je pourrais, mon amour, croire espérer encor
Un autre triste amant dans un autre décor.
Tu comprends, n'est-ce pas, ce que ces mots expriment,
Puisque l'amour permet que l'on rêve tout haut ?
Ne te tourmente pas, mon âme est un abîme
De fidélité triste, immense et sans défaut.
Je suis le haut cyprès, debout sur la pelouse,
Dont la branche remue au pas du rossignol,
Mais qui reste immobile et qui bénit le sol.
Tu rirais de savoir combien je suis jalouse.
Dès qu'un de tes regards semble fixer au loin
Je ne sais quel espoir, par quoi tu sembles moins
Exiger ma prodigue et turbulente offrande.
Mais je t'écoute vivre, et ta faiblesse est grande
Si je compare à toi mon cœur retentissant.

Comprends-moi, l'univers, pensif ou bondissant,
Avec sa grande ardeur céleste et souterraine,
Est toujours de moitié dans mes jeux et mes peines.
Ce conciliabule ébloui où je vis
Avec l'ombre agitée et les matins ravis
M'a donné mon orgueil rêveur et solitaire.
— Rien n'a jailli plus haut du centre de la terre ! —
Et parfois, retournant sur toi mes bras chargés
De ce fardeau divin, invisible, léger,
Je te parais, dardant mes yeux mystérieux,
Un monstre lapidant un homme avec les cieux !
Tu ne peux déchiffrer cette énigme qui songe.
Et pourtant, mon esprit, sans masque et sans mensonge,
N'aime que toi, ne veut, ne peut aimer que toi,
Et c'est ce qui me rend souvent chétive et triste ;
Il est beau qu'un amour obstinément persiste
Et qu'il soit comme un ciel d'automne, lisse et coi,
Et qu'il connaisse aussi les misérables transes
Que même un sûr désir traine encore après soi.
Mais quoi ! Ne plus goûter la subite présence
D'un bonheur vague encor, d'un brumeux paradis,
Ne plus rêver, d'un cœur craintif qui s'enhardit,
À quelque inconcevable et neuve complaisance…
Hélas ! N'écoute pas tous ces mots que je dis.
Mais j'avais tant aimé l'espérance !

## LA NUIT

Nuit sainte, les amants ne vous ont pas connue
Autant que les époux. C'est le mystique espoir
De ceux qui tristement s'aiment de l'aube au soir,
D'être ensemble enlacés sous votre sombre nue.

Comme un plus ténébreux et profond sacrement,
Ils convoitent cette heure interdite et secrète
Où l'animale ardeur s'avive et puis s'arrête
Dans un universel et long apaisement.

C'est le vœu le plus pur de ces pauvres complices
Dont la tendre unité ne doit pas s'avouer,
De surprendre parfois votre austère justice,
Et d'endormir parmi votre ombre protectrice
Leur amour somptueux, humble et désapprouvé…

## CES PUDEURS DE L'ESPRIT…

Ces pudeurs de l'esprit que le désir entame,
Ces terreurs, ces appels, ces suffocations,
Ces plaintifs tutoiements, hardiesses de l'âme,
Ces forcenés plaisirs qui jettent les amants
Dans je ne sais quel pur et saint abaissement
Où l'âme, ange éploré, maudit le corps qui tremble,

C'est cela, mon amour, que nous avons ensemble…

## TU M'AIMAIS MOINS…

Tu m'aimais moins quand tu m'ainiais
Qu'un jour où tu me fus féroce ;
Puisqu'on n'est rassuré jamais,
Qu'il soit béni ce jour atroce
Où, violent, injuste et sourd,
Vibrant de meurtrière envie,
Tu disais dédaigner ma vie
Et la haïr sans mon amour.
— Quel excès pourrait mieux me plaire,
Parmi tous les désirs humains,
Que ces yeux glacés de colère,
Et ce crime au fond de ta main ?

## LE CHANT DU FAUNE

Praxô, j'ai désiré me mêler à ta vie
Parce que l'univers reflète en toi ses jeux,
Et que ton corps naïf, jubilant, orageux,
Me fait, comme le monde, une éternelle envie !

Ce n'est pas tant le feu turbulent de ma chair
Qui voulait s'humecter aux fraîcheurs de ton être.
Mais mon rêve vieilli, par ta grâce, pénètre
Plus avant dans le temps et le divin éther.

Mon âge, plein d'ennui, de saisons, de désastres,
Croyait aimer la mort mais poursuivait l'espoir,
C'est ton regard, levé vers la bonté du soir,
Qui m'accordait avec les astres !

Mais quoi ! Je t'ai captée et ne suis pas heureux !
J'ai vu ton corps dansant et pareil à la source
Arrêter dans mes bras sa palpitante course,
Et ce suave don me rend sombre et peureux !

Moi, faune des coteaux brûlés de Syracuse,
Qui vis pâlir l'azur à la mort du dieu Pan,
Aujourd'hui où ton cœur sur le mien se répand,
Praxô, rêveuse enfant, je souffre et je t'accuse !

Entends-moi, je suis vieux, j'ai l'âge de ces bois.
Le soleil m'a séché, je vais bientôt rejoindre.
Tandis que l'avenir court vers toi pour t'étreindre,
Les sphères dont le chant me touchait par ta voix !

Avant de te connaître en ta fureur céleste,
Je t'aimais sans regrets et te haïssais moins,
Je ne prévoyais pas ta force ardente et leste
Qui prend, dans le plaisir, les mondes à témoin.

Comment donc oublierais-je, âme perpétuelle.
Ce grand accroissement de ton corps vers les cieux,
Et l'appel effaré qui montait de tes yeux
Vers la nuit ordonnée et les lois éternelles ?
Jamais je n'oublierai ton esprit consolé,
Ce tranquille regard possesseur du mystère,
Et cette pesanteur muette et solitaire

Qui s'emparait soudain de ton être comblé.

Autrefois, tu semblais exemplaire et secrète,
L'animale lueur ne brillait point en toi.
Je saurai désormais que ton ardeur est prête
À conquérir la paix qui succède à l'effroi.

Jamais plus tu n'auras ta pudique tristesse,
Cet innocent ennui qui parait ta beauté,
Cette errante stupeur que la nature oppresse»
Qui recherche l'espace et non la volupté !

Certes, ma passion pour ta jeunesse heureuse
Avait le pourpre éclat du flamboyant pavot,
Le harcelant soupir de la mer écumeuse,
Le fier hennissement matinal des chevaux ;

Mais ne pouvais-tu donc contrarier sans cesse
Ma colère sans fiel qui ne te nuisait pas ?
M'aimais-tu ? Je ne sais. Tes grondantes caresses
Mordaient à l'univers en enlaçant mes bras.

Va-t'en, laisse-moi seul. Sur ma flûte d'érable,
A l'ombre d'un laurier que juin vient défleurir,
Je pleurerai ta chair prompte à se réjouir.
Hélas ! Cruelle enfant qui me fus favorable,
Pourquoi n'as-tu pas su me haïr ?

## LE CHANT DE PRAXÔ

Je t'aime. J'ai trouvé le repos sur ton cœur ;
Je t'aime et je te crois. Je n'étais pas heureuse,
J'interrogeais en vain la nue immense et creuse ;
Tu me suffis. Je suis ton épouse et ta sœur.

Je t'ai longtemps cherché. Les astres magnétiques,
Le chant des flûtes, l'air, le bruit mouillé des flots,
Promettaient à mon cœur, soulevé de sanglots,

Ton ardeur, à la fois tutélaire et panique !

D'où viens-je ? L'univers n'a jamais délié
Le nœud qui me retient unie au paysage.
Je suis moi-même azur, astre, torrent, feuillage,
Mais cette parenté j'ai voulu l'oublier.

Jadis le brasillant éther des matinées
Me faisait défaillir d'un bondissant amour,
J'ai vraiment retenu dans ma bouche étonnée
La saveur bleuâtre du jour !

Je souffrais cependant. Le chuchotant espace
Ne me répondait pas quand il m'interpellait,
Et mon cœur ressemblait à ces chevreaux voraces
Qui convoitent en vain les raisins violets.

Comment t'ai-je irrité ? J'entends bien ta colère,
Quel fut mon tort ? Ô toi qui donnes le plaisir,
Sans doute as-tu le droit, si j'ai pu te déplaire.
De reprendre la joie et de m'en dessaisir.

Que crains-tu ? Entends-moi, je ne suis pas changeante,
J'ai gardé sans ennui la maison, quand mes sœurs
S'en furent par la route aux nombreuses odeurs
Saluer, loin d'ici, Pindare d'Agrigente.

S'il me faut te quitter, cher faune, je mourrai.
L'univers moite et bleu qui fut mon clair domaine
M'est moins apparenté que la chaleur humaine
Où s'apaisent mes vœux et mon songe effaré.

Que ferai-je sans toi ? Sur les rochers des sables,
Où la mer au doux bruit vient déplier son voile,
Je ne scruterai plus l'avenir ineffable,
Sous le ciel illustré d'étoiles !

Que m'importe à présent le suave chemin

Où l'odorant figuier, au feuillage écarté,
Semblait porter vers moi le ciel des nuits d'été,
Ce n'est plus qu'à travers la bonté de tes mains
Que mon cœur gémissant rejoint l'éternité…

## QUOI ! MOURIR SÉPARÉS !…

Quoi ! Mourir séparés ! Se pourrait-il qu'on ôte
Ta chaleur à la mienne et mon corps à ton corps,
Moi qui fus ta demeure, et toi qui fus mon hôte
Dans l'indéfinissable accord !

Ne pourrions-nous fixer en la sainte hébétude
Qui succède au plaisir, ô mon vivant tombeau,
Cette muette, froide et double solitude
Que serait l'éternel repos ?…

## LE CONSEIL

Myro, sois déférente envers celui qui t'aime,
Ne crois pas ton doux corps par les dieux achevé,
Sans l'amant ébloui que ton œil fait rêver
Ton être vaniteux ne serait pas soi-même.

Loin du flot qui lui voue un murmurant amour
La rive d'or n'est plus qu'un sable désertique ;
Honore le désir fidèle et nostalgique
Qui fait à ta beauté un infini contour.

Lorsque tes pieds sont joints et tes mains refermées
À l'heure où le sommeil vient encercler ton lit,
Regarde, avant d'entrer dans l'éphémère oubli,
La morte que tu es quand tu n'es pas aimée…

## DANS CETTE OPPRESSION…

Dans cette oppression qui lentement amène
Le cœur à confesser un amoureux secret,

Dont le désir convient, mais que l'orgueil tairait,
Écoutez-moi, Chimène !

J'ai longtemps redouté les suaves affronts
Qu'inflige au fier esprit une âme consumée,
Et j'affirmais, l'orgueil éclatant sur mon front :
« L'amour, c'est d'être aimée ! »

Je craignais le bonheur par le malheur doublé,
Ce langoureux bonheur dont les femmes expirent,
Et ces cruels désirs qui font se ressembler
La meilleure et la pire !

Plus qu'une autre j'ai vu, fixes ou passagers,
Des yeux voluptueux, battant comme des ailes,
S'efforcer de mêler dans mes graves prunelles
Mon cœur et l'étranger.

Je voyais ces regards pleins de bontés humaines,
Calices débordant de chaude charité,
Et bien que mon exil reconnût son domaine,
Je fuyais ces clartés ;

Mais ce soir mon amour est brûlant et prodigue :
Il donnerait le monde et trouve que c'est peu.
Aviez-vous cet élan, possédiez-vous ce feu,
Quand vous aimiez Rodrigue ?

Je songe à vous, Chimène, et pour mieux m'éblouir
J'entend le frais satin d'un pigeon qui s'envole ;
Je vois, sur l'ambre clair du ciel pâmé, bleuir
La montagne espagnole.

La passion, Chimène, et la haute fierté
Veulent qu'on les accorde ou que l'amour périsse ;
Mais songez que peut-être il est quelque beauté
Dans l'entier sacrifice.

Peut-être a-t-on le droit, quel que soit le destin
Qui toujours met l'honneur en regard de l'ivresse,
De laisser consentir un cœur parfois hautain
Aux plus humbles caresses.

L'honneur est un tel bien que l'on ne peut, sans lui,
Ni respirer le jour ni supporter soi-même ;
Mais on ne quitte pas l'honneur, on le conduit
Jusqu'au ciel quand on aime.

— Aussi, lorsqu'un soupir vaste et silencieux
Animera bientôt la nuit secrète et vide.
Quand les parfums, la paix, le vent, comme un liquide.
Découleront des cieux,

Quand nous serons tout seuls, comme on voit sur la grève
Deux promeneurs errants aborder l'infini,
Quand nous nous sentirons, ainsi qu'Adam et Ève,
Isolés, rapprochés, vaincus, maudits, bénis,

Quand je ne verrai plus de l'univers immense
Qu'un peu du rosier blanc et qu'un peu de ta main,
Quand je supposerai que le monde commence
Et finit sur un cœur humain,

Quand j'entendrai chanter les astres, ces cigales
Dont l'éclat jubilant semble un bourdonnement ;
Lorsque je sentirai que l'amour seul égale
L'ordre et la paix du firmament,

Je jetterai mon front dans ta main qui m'enivre,
Je boirai sur ton cœur le baume essentiel,
Afin de n'avoir plus ce long désir de vivre
De ceux qui n'ont jamais goûté l'unique miel
Et qui ne savent pas que le bonheur délivre ;
Afin d'être sans peur, sans regrets, sans remords,
À l'heure faible de la mort…

## JE T'AIME ET JE TE HAIS…

Je t'aime et je te hais. Ces tristes mots renferment
La sombre passion qui ne peut s'assouvir,
Les nombreuses saisons mettront-elles un terme
À l'inimitié du désir ?

Souhaiterai-je un jour que tu vives ? Serai-je
Bonne pour toi autant que pour tous les humains,
Et faut-il que ma force en larmes te protège
Quand j'ai peur de tes lendemains !

## CE REGARD EST LE TIEN…

Ce regard est le tien, et tu sais que j'en souffre
Parce qu'il est lui-même, et parfois tu voudrais
Savoir comment tes yeux possèdent le secret
De me faire osciller comme au-dessus d'un gouffre,
Par un mystérieux et délectable attrait…

Tu t'amuses, malgré ta gravité native,
À sentir ma détresse en hâte se mouvoir
Entre tous les aimants de ta grâce incisive.
Tu portes en riant cet injuste pouvoir.
Tu sais, sans le comprendre, et demeurant modeste,
Que je suis la victime insigne de ce choix
Que la nature fait pour nous, cruelle et preste :
Ensuite il faut subir l'amour qui nous échoit.
— Et, bien que nous soyons rapprochés par nos rêves,
Par nos mains, par nos voix, nos désirs et nos pas,
Nous sommes étrangers à l'instant où se lève.
Sans effort, dans tes yeux, tel un chant triste et bas,
Ce beau regard de toi que tu ne connais pas…

## REPOSE-TOI, TAIS-TOI…

Repose-toi, tais-toi, respire seulement,
Pour enchanter mon cœur il suffit que tu vives,

Ton regard a le poids de deux noires olives
Dans ton visage pâle, anxieux et charmant.

Tu goûtes, en fumant, la chaleur catalane,
Dans un blanc cabaret, sur le sol de safran ;
On voit un aloès, un cimetière, un âne,
Et l'enivrant azur du ciel indifférent.

Et voici que, traînant leur guitare enjôleuse,
Deux graves mendiants, suffoqués par l'été,
Implorent de l'hôtesse, avec humilité.
Le vin acide et froid, dont l'odeur est rugueuse.
— Le plaisir tout à coup rend ton œil bondissant, Tu viens de leur parler dans cette langue ^obscure Qui semble mélanger la caresse et l'injure, Et la fierté courtoise au secret menaçant.
Et voici que, riant, se lamentant, sans hâte, Ils commencent pour toi, sur le sombre instrument. Ce jeu astucieux d'acrobate et d'amant, D'où le rythme heurté comme un orage éclate !
Et tu ne bouges plus, tu sembles étourdi . Par cette frénésie implacable, acérée, Et ton regard se perd dans le long paradis De cette musique âcre, agressive et bistrée…

## L'ÊTRE NE RECHERCHE…

L'être ne recherche que soi
À travers le multiple choix
De l'amour et de ses orages.
Ô Désir, somptueux voyage
Vers notre fascinante image
Qui nous exalte ou nous déçoit !
— C'est à soi-même qu'on veut plaire
Sur le cœur brûlant qui nous plaît,
Où, dans l'ivresse et la colère,
Ne sachant si l'on aime ou hait,
Par la volupté l'on espère
Mourir, — et ne mourir jamais !

## L'ADOLESCENCE

Peut-être n'avons-nous aimé que le plaisir.

Malgré la scrupuleuse et l'ascétique vie,
Malgré l'enchantement innocent des loisirs
(Sans tentation nette et presque sans envie,
Tant l'azur, l'horizon, l'imagination
Comblent une excessive et vague passion),
Peut-être n'avons-nous, femmes candides, sages,
Aimé que le plaisir. Peut-être n'avons-nous,
À travers la beauté des calmes paysages
Où le profond bonheur semble enclos et dissous,
Jamais rien aperçu, jamais rien voulu même
Que le désordre ailé des instants où l'on aime !
— Bourgeonnement du chant des oiseaux au matin,
Lac où la blanche barque ondule sous sa tente,
Bonté, compassion, rêve, mémoire, attente,
Berline aux gais grelots passant dans le lointain,
Sacrifice accepté, refus de ce qui tente,
Tout ce que nous avons aimé, donné, souffert,
Amour pour les humains, amour pour l'univers,
Notre vie épandue, active, combattante,
Peut-être n'étiez-vous, — ô multiple soupir ! —
Que la forme infinie et sainte du plaisir…

## MES YEUX T'ÉCOUTENT…

Mes yeux t'écoutent et te respirent,
Mon âme flotte hors de moi-même,
Je ne regrette ni ne désire,
Je t'aime.

Et cependant ce tendre accord
M'est moins doux que lorsque je presse
Ta main aux suaves caresses.
— Désir, spirituel transport,
Geste des âmes par les corps !

## NI L'ÉBLOUISSEMENT DU REGARD…

Ni l'éblouissement du regard qui reçoit
L'aurore, l'horizon et les coteaux sur soi ;
Ni les vergers avec leurs tentures de pêches,
Ni le ciel pur par qui la chaleur semble fraîche,
Ni le subit bonheur d'un noir oiseau, cloué
D'extase, semble-t-il, sur l'azur large et tendre,
Ne valent la douceur de ce que peut entendre
Daphnis se reposant sur le cœur de Chloé…

## SÉPARATION

La nuit a son odeur céleste et forestière,
Un vent froid et tranchant l'anime et la parcourt ;
Son vif méandre ainsi qu'une fine frontière
Semble écarter ma main de tes doigts pleins d'amour.

— Je ne peux pas répondre à ta douceur plaintive ;
La nuit ce sont les cieux et les arbres qui vivent ;
Nos deux rêves humains se sentent chacun seul,
Je ne t'écoute pas, j'écoute le tilleul
Exhaler dans l'éther ses langueurs expansives.
L'immensité nocturne a fasciné mon cœur.
Le silence est un dieu qui voudrait qu'on le suive.

Il flotte dans la nuit des tisanes d'odeurs…

## LORSQUE JE SOUFFRE ENCOR…

Lorsque je souffre encor plus qu'à mon habitude
De ces maux accablants à travers quoi je vis,
Et que, ni les beaux cieux éventés, ni l'étude,
Ni mes regards toujours soulevés et ravis,
Ne peuvent rehausser mon esprit, asservi
Par la pusillanime et sombre inquiétude,
Je songe avec horreur à l'instant de ma mort,
A cet instant subit, étranger, sans espace,

Où contre un mur secret le faible corps se casse,
Déjà vidé d'amour, d'espoir et de remords…

— N'éviterai-je pas la hideuse amertume
De sentir, — quand la mort étrangle le mourant,
Le bâillonne, l'aveugle et le remplit de brume, —
Que ton être, qui fut ma force et ma coutume,
À mon esprit terni devient indifférent ?

## CONTINUITÉ

Les véritables morts sont les cœurs sans audace
Qui n'ont rien exigé et qui n'ont rien tenté ;
Sous l'azur frénétique où d'autres sont rapaces
Ils n'ont pas bu l'espoir, ni dévoré l'été.

Ils n'ont pas su souffrir comme il convient qu'on souffre,
Sans plus pouvoir manger, dormir, ni respirer,
Pareils à ces poissons livides et nacrés
Qui gisent, arrachés hors du bleuâtre gouffre.

Le bonheur turbulent, qui réjouit les airs
Et jette un cri panique à quoi tout se rallie,
A vu ces cœurs peureux préférer leur désert
Au risque illimité de la mélancolie ;

Cependant tout est vif, continuel et sûr
De ce qui fut ! J'ai vu, sur une antique grève,
Des temples, absorbés par le sable et l'azur,
Prolonger le divin et poursuivre leur rêve.

Ainsi, les corps hardis, dont les vœux exaucés
Mêlent la joie au fiel que les Destins imposent,
Porteront dans la mort et ses métamorphoses
Le plaisir obtenu, qui ne peut pas cesser…

## PUISQUE NOS SORTS FURTIFS…

Puisque nos sorts furtifs et toujours en péril
N'ont pas la même route et pas le même toit,
Mélancolique ami, mon compagnon d'exil,
N'entendrai-je jamais de musique avec toi ?

Ne serons-nous jamais roulés au creux des vagues
Que Chopin fait gémir dans ses profonds nocturnes,
Quand sa houle oppressée et son flot qui divague
Semblent un ouragan enfermé dans une urne ?

Ne verrai-je jamais, quand les chants de Mozart
Penchent leur politesse et leurs courtois saluts,
S'élargir lentement ton ténébreux regard
Où le profond désir luit comme un jour élu ?

— Musique aux bras ouverts, mère des convoitises,
Par quel secret soleil, quelle chaleur fatale,
Faites-vous se gonfler, sous vos torrides brises,
Les bouches dont on croit voir frémir les pétales ?

Quel est ce point du cœur que vous venez toucher,
Par qui tout l'édifice humain est chancelant,
Musique, conseillère et pardon des péchés,
Vous en qui le divin au mal va se mêlant !

Quel est votre souhait, sublime envahisseuse,
Pour que les solennels visages de ces femmes.
Pour que leur pureté ait cette audacieuse,
Cette agressive ardeur qui souffre et qui réclame ?

Yeux étonnés d'amour, yeux craintifs, yeux pâmés.
Qui, refusant la lutte, acceptant le hasard.
Et recherchant soudain un autre ardent regard,
S'y couchent comme un corps dans des bras refermés…

## COMPLAINTE

Que m'importe la renaissance

De l'allègre et fidèle été ?
J'ai fini mon éternité,
Amour ! mon unique espérance !

Mes regards n'ont jamais cherché
Que ta présence insidieuse ;
L'azur est noir, la mer est creuse
Si soudain ton œil m'est caché.

Ma tristesse contemplative
Guettait tes dangers évidents ;
— Est-il nécessaire qu'on vive
Si le destin devient prudent ?

L'homme s'efforce, endure, pense,
Il veut contraindre l'avenir ;
— On ne vit que pour t'obtenir,
Amour ! unique récompense.

Parfois j'évitais tes regards.
Je fuyais ; ta force latente
Me rassurait de toutes parts :
C'est une ivresse que l'attente !

J'entendais, dans les calmes soirs,
Bouillonner vers moi l'invisible ;
Qu'il est doux de ne rien avoir,
Alors que tout semble possible !

Il n'est rien pour moi de réel,
Désir ! hormis toi, dans l'espace ;
Ton haleine éternelle passe
Entre les tombeaux et le ciel ;

Sans qu'on te voie ou qu'on te nomme
C'est toi la seule activité,
Ô compagne unique de l'homme :
Promesse de la Volupté !

## C’ÉTAIT LA SOLITUDE…

C’était la solitude et sa féconde ivresse ;
Le vent des ciels du soir, plein d’une ample vigueur,
De la nue à la terre élançait ses caresses :
Je recevais avec une avide allégresse
Cet univers dissous qui pénétrait mon cœur !

Et l’espace, et l’espoir, et l’éternité même
Devenaient familiers à mon docile esprit ;
Les astres décelaient d’ineffables problèmes
À cette âme attentive où rien n’est circonscrit.

— Alors, me surprenant, — ô toi qui seul existes, —
Amour, iniquité sublime, tu survins,
Ô chasseur turbulent, voleur jaloux et triste,
Fier de ton indigence et du désir divin.

Tu dispersas l’immense et vivant paysage
Qui sous mon front séduit mettait ses bonds légers ;
Et, pitoyable autant que féroce et sauvage,
Tu fixas dans cet être, à jamais ravagé,
La bonté de tes mains et l’air de ton visage…

## DESTIN

Parfois un sentiment en nous s’esquisse ou cesse,
Sans qu’on sache pourquoi, sans but et sans raison ;
Fatal et négligent comme sont les saisons
Il nous fait exulter ou bien il nous délaisse.
Le Destin, aigle obscur, a frôlé la maison…
— D’où nous vient le bonheur ? d’où nous vient la tristesse ?

## S’IL EST QUELQUE AUTRE CHOSE AU MONDE…

S’il est quelque autre chose au monde que l’amour,
S’il est quelque autre attrait, quelque autre récompense,
À travers la multiple et prodigue dépense

Que l'homme fait de soi, en luttant, chaque jour,

Si l'effort, le labeur, la fierté, la justice,
Ont, dans leurs vœux secrets, un but plus convoité
Que celui de l'auguste et triste volupté
Où la force et l'espoir des âmes aboutissent,

Dites-le-moi, Nature, ordre divin des jours.
Triomphale douceur du printemps qui s'élance,
Dites-le, mouvement onduleux du silence
Où les sons assoupis rêvent, puissants et sourds !

Dites-le, nuits d'été où les astres s'empressent,
Et, par leur insistant et net crépitement,
Guident l'être, ébloui d'un immense tourment,
Vers l'orage et la paix des étroites caresses !

Dites-le-nous ! Ouvrez notre humaine prison,
Enseignez-nous ! Sinon, la hantise éternelle
Qui jaillit de l'instinct, que nourrit la raison,
Ne connaîtra jamais, en ses nobles saisons,
Que ce vacillement enflammé des prunelles,
Où l'univers sans but offre aux corps anxieux
La présence terrible et suave d'un dieu !

## LE PASSÉ

Je vis, mais jamais je n'oublie
Les brûlants instants du passé ;
Cette immense mélancolie
Quand donc voudra-t-elle cesser ?

— Puissé-je perdre la mémoire
De ces jours violents, bénis.
Où, contente, je pouvais croire
Que mon sort s'était aplani.
Je meurs de ces tendres histoires…

C'est si long ce qui est fini !

## CEUX QUE LA JOIE ENIVRE…

Ceux que la joie enivre à l'infini sont ceux
Que la douleur étreint dans la même mesuçe :
Inconsolables cœurs, heureux ou malheureux,
Ils portent une austère ou brillante blessure.
L'amour, le philtre unique aux humains proposé,
S'efforce d'empêcher ces âmes turbulentes
De rechercher encore, au delà des baisers,
L'océan de l'espace et l'ile de l'attente
Où, large oiseau tremblant, l'espoir vient se poser…

— Nous qui connaissons bien ces grands cœurs frénétiques
Où l'univers se meut sans heurter leurs parois.
Nous savons que l'amour est un refuge étroit :
Alentour, les climats, les parfums, les musiques
S'effacent, assoupis par le fort narcotique
Du sensuel bonheur et du subit effroi…

— Tous les plaisirs épars que jamais on n'assemble,
Les beaux ciels du voyage, enduits de volupté,

L'étrangère cité sur qui la chaleur tremble.
Les odeurs d'un jardin bues dans l'obscurité,
Les orchestres errants des nuits siciliennes,
La mer, fécond parfum plein de complicité,
Enfin, tous les appels, sont des marchands qui viennent
Déployer les trésors de la félicité,
Dont le faste rêveur vers le désir nous mène…

— Car voici deux humains qui se sont reconnus !
Que leur importe un monde éblouissant ou nu ?
Ces deux humbles vivants, resserrés dans l'espace,
Dont les regards, les bras, les genoux sont liés,
Ne cherchent, dans la sombre ardeur qui les terrasse,
Ni les jardins d'Asie et ses chauds espaliers.

Ni le lac langoureux sur qui des barques passent.
Ni ces soirs infinis où l'espoir se prélasse.
Mais le bonheur restreint et sans fond d'oublier…
— Oublier ! Perdre en toi tout l'univers trop tendre,
Engloutir dans ton cœur l'eau d'or des ciels d'été,
Précipiter en toi, pour ne jamais l'entendre,
Le chant silencieux fusant de tous côtés,
Faire de notre amour une tombe profonde
Où parfums, sons, couleurs, s'épuisent, enfermés ;
Abolir l'éphémère, envelopper les mondes.
N'être plus, être toi, dormir, mourir, aimer !…

## PRÉDESTINATION

Ce qui fut à jamais existe,
Je songe au cœur qui m'a tant nui,
Son amour était comme un triste
Violoncelle dans la nuit.

Il languissait, j'étais vivante ;
La tristesse et la volonté
Sont vos deux royales servantes,
Ô langoureuse volupté !

— En quels siècles, chez quels ancêtres.
Dans quelle ombre, sous quels rayons,
Ont-elles commencé de naître
Ces invincibles unions ?

Nul ne dispose de ses rêves
A travers l'immense parcours
Que fait parmi l'humaine sève
Le savant instinct de l'amour…

## L'ATTRAIT

Même sans la suave, insistante saison,
Qui me torture, hélas, de toutes ses essences,

Pourrais-je, mon amour, repousser ta présence,
Je suis la maladie et toi la guérison.

Un équilibre doux, tranquille, sur et sage
S'empare de ma vie à te voir respirer ;
En tous lieux je suffoque, et c'est ton seul visage
Qui me semble aéré !

Je suis le desservant et toi le tabernacle.
Tu me parais unique autant qu'universel.
Se peut-il que l'amour, étant un tel miracle,
De tous les grands bonheurs soit le seul naturel !
Le courage, la gloire et la bonté sublime
Exigent quelque effort dont on est orgueilleux,
Mais l'amour, d'un seul bond, atteint le haut des cimes,
Et s'unit au divin comme un regard aux cieux.

L'amour est humble, fier, jubilant, héroïque,
C'est la charité, car les amants entre eux
Quelle que soit leur grâce, ont la bonté tragique
De la sainte auprès du lépreux.

– Hélas ! corps destinés au sol, futurs cadavres,
Âmes qui vous joignez pour vaincre le tombeau,
Débats de naufragés pour atteindre le havre,
Dans cette demi-mort haletante, que navrent
Le poids tombant du temps et le cri des corbeaux,
De tous les noirs gibets le vôtre est le plus haut !

## NOUS AVONS ATTENDU…

Nous avons attendu longtemps ce jour paisible,
Enflammé, trop heureux, où, seuls et clandestins,
Sans avoir à parler, tant l'esprit est visible.
Nous sentions se mêler nos chaleureux destins.
— Mais, cessant de nous taire et cherchant à comprendre
L'ineffable plaisir d'un sort brûlant et tendre,
Nous fûmes submergés d'un étrange malheur.

Pourtant, parfois la joie et la source du rire
Comme au flanc d'un coteau court autour de mon cœur
Hélas ! la passion cherche-t-elle à se nuire,
Ne s'agit-il donc pas de goûter le bonheur
Ensemble, mais de le détruire ?

## VOUS ÉTIEZ RÊVEUR…

Vous étiez rêveur et tranquille,
Votre cœur ne désirait rien
Que le mol charme aérien
Des jours qui sont comme des îles…

Moi j'étais encore une enfant
Mais violente, sérieuse,
Et j'ai mis mon bras triomphant
Et mon âme contagieuse
Contre vous. — Ah ! s'il se défend,
Votre esprit solitaire et triste.
Que pourrait-il puisque j'existe,
Et qu'à vos songes j'ai mêlé
Mes jardins, mon ciel étoile,
Le miel de l'air, le sel de l'onde.
Le chant mystérieux des mondes
Emplissant l'immense horizon,
Et mon délire, et ma raison…

## QUAND L'AUTOMNE ARGENTÉ…

Quand l'automne argenté et froid comme un raisin
Souffle ses vents légers sur l'été qui s'épuise,
Quand la fraîche saison, à la fois claire et grise,
Comme un printemps plus vif a d'amoureux desseins,

Qu'il est doux de trouver dans des yeux qui fascinent
Ces vertiges puissants dont le cœur se repaît.
Et d'éprouver, tandis qu'une rêveuse paix
Sur la riche saison moelleusement chemine,

La vivace fierté d'un bonheur stupéfait
Qu'enveloppe l'odeur d'un jardin qui bruine…

## DÉTRESSE

La tristesse te pénètre
Au point que tu crois mourir,
Ô cœur fait pour toujours être
Terrassé par le plaisir !

Cœur savant en toutes choses,
Prodigue sans t'épuiser,
Cœur souffrant que seul repose
L'étouffement du baiser,

Qui saura ton épouvante,
Cœur par les pleurs soulevé,
Toi qui par détresse chantes,
Rossignol aux yeux crevés !

## LA NATURE ET LE POÈTE

### LA NATURE

Ainsi, tu me reviens, ô ma fière transfuge,
Esprit initié, enfant, hôtesse et juge
De mes parfums, de mes rumeurs,
Ton corps semble abattu par d'humaines tempêtes,
Quels plaisirs te nuisaient, toi qui n'étais pas faite
Pour la misère du bonheur ?

Ai-je comblé quelqu'un autant que ta personne ?
Tu semblais le miroir et la conque où résonnent
Et se reflètent mes secrets.
Je te parlais avec ces voix éblouissantes
Qu'ont dans les soirs d'été les sources d'air dansantes,
Et le vert soupir des forêts.

Mon espace sans borne où sont rangés les siècles
S'est offert dès l'enfance à tes yeux de jeune aigle,
Tu savais tout ce qu'on apprend ;
On voyait ma grandeur réduite en tes prunelles,
Ô toi qui ressemblais aux choses éternelles,
D'où te vient ce regard souffrant ?

Je t'avais faite insigne, éparse et solitaire,
Les rumeurs de la foule et la paix de la terre
Se plaçaient gaiement sous tes mains ;
Mon soleil descendait en toi au crépuscule,
Par quelle lassitude ou bien par quel scrupule
As-tu voulu posséder moins ?

LE POÈTE

Ne me méconnais pas, Nature juste et bonne,
Se peut-il que t'ayant aimée on t'abandonne,
Hélas ! j'ai voulu t'approcher
Plus que ton vaste amour ne le conçoit sans doute,
Ni tes suaves cieux, ni tes flots, ni tes routes,
Ni le vent clair sur tes rochers

N'ont permis à mes vœux d'atteindre ton essence,
En vain je recevais tes hautes confidences
Et ton élan universel ;
Éperdue et cherchant où baiser ton visage,
Je voyais s'isoler tes brillants paysages,
J'ai pleuré sur un cœur mortel ;

Sur ce si faible appui, dont la chaleur contente,
Je regardais vers toi, suprême confidente
D'un rêve immense et suffocant ;
J'espérais de mourir parmi les cantilènes
Que le désir humain, fougueux et hors d'haleine,
Emprunte à tes grands ouragans !

Je voyais bien tes soirs de juillet, chauds et pâles,

Le croissant délicat qui, dans l'air, s'intercale
Comme une barque peinte en blanc ;
Mon oreille et mes yeux se remplissaient d'extase,
Et je contemplais l'être en qui l'amour transvase
La beauté d'un soir calme et lent.

Je répandais sur lui, qui respire et qui rêve,
Ton infini passé, l'avenir, et la sève
De tes printemps toujours naissants,
Et refermant mes bras sur ce profond mensonge,
J'étais comme un oiseau précipité, qui plonge
Et s'abreuve au fleuve du sang !

Mais, hormis ces moments de suave incendie
Où la bonté de feu joint deux âmes hardies,
Fumantes comme un paquebot,
Aimer est une ardeur plus amère que tendre,
Car toujours se quitter, espérer et attendre
Creuse le cœur comme un tombeau.

Aussi, ne sois jamais inquiète, ô Nature,
Quand mon esprit, séduit par l'humble créature,
S'éloigne parfois de tes deux,
L'échange que je fais est redoutable et triste,
L'homme est faible et sans but, et ta noblesse assiste
Aux sanglots des voluptueux !

Toi non plus, tu ne peux combler, selon nos forces,
Par ton ciel, ton soleil, tes ondes, tes écorces.
Le désir de l'âme et du corps ;
Mais ta sainte indigence est du moins attentive.
Tandis que si l'amour déçoit l'âme, elle arrive
Aux portes mêmes de la mort !...

## CEUX QUI ONT ACCUEILLI...

Ceux qui ont accueilli le bonheur puissamment,
Sachant que c'est un dieu et qu'il faut qu'on le brave,

Ont dans l'enfer humain connu la part suave,
Et sans crainte goûté l'infini du moment.

Ils ont, dans leur joyeuse et subite ignorance,
Ramassé sur leur cœur la brève éternité ;
Scintillants et profonds comme les nuits d'été,
Ils ont, par la prodigue et trompeuse espérance,
Éprouvé leur puissance et leur immensité.

Qu'importe si les pleurs, les regrets, les tortures
Assaillent cet îlot que leur plaisir formait ;
Ce qui fut est divin et ne périt jamais ;
Châtiez ces vainqueurs, implacable Nature !

Et c'est votre bonté charitable, ô Douleur,
Votre bonté prudente et qui permet qu'on vive,
D'être parfois dans l'ombre arrêtée et furtive,
De laisser quelque temps s'épanouir le cœur,
De ne pas annoncer que votre règne arrive.
Et de surgir comme un voleur !

## L'AMOUR NE LAISSE PAS…

L'amour ne laisse pas que longtemps on l'oublie,
Au front qui fut distrait il met un joug plus dur,
Il gît au fond des corps comme au fond de l'azur,
Ainsi qu'une suave et persistante lie.

Quand dans les jours parfaits des étés somptueux
On croit pouvoir sans lui connaître l'allégresse,
Il trouble notre joie ou bien notre paresse
Par un doute rêveur, sagace et langoureux.

— Vous avais-je oublié, avais-je, folle, et triste,
Un instant échappé à vos constantes lois,
Inexorable Amour ? Avais-je dit : J'existe,
Je respire, je suis, je réfléchis, je vois,
Sans me sentir soumise à vos sublimes ordres ;

Avais-je décidé que j'étais libre enfin
De détourner la joue où vous souhaitiez mordre,
Et de n'assouvir plus votre soif, votre faim ?

— Et cependant, Amour, dieu trompeur, dieu fidèle,
Du distrait univers vous le seul protégé,
C'est ma gloire, que nul ne pourra déranger,
D'avoir su déchiffrer tout ce qui vous révèle,
D'avoir fixé mes yeux sur vos mains éternelles,
Et de n'avoir écrit que pour vous prolonger…

1914-1920.

ISBN : 978-3-96787-642-0

Milton Keynes UK
Ingram Content Group UK Ltd.
UKHW010654101123
432322UK00007B/465

9 783967 876420